천국에 관한
질문과 답변

천국에 관한
질문과 답변

초판1쇄 2020년 3월 1일

지은이 : 데이비드 제레마이어

옮긴이 : 한길환

펴낸이 : 이규종

펴낸곳 : 엘맨출판사
　　　　서울특별시 마포구 토정로222 한주출판콘텐츠센터

전화 : 02-323-4060

팩스 : 02-323-6416

출판등록 제 10호-1562(1985.10.29.)

값 12,000원

ISBN 978-89-5515-669-0(03230)

천국에 관한 질문과 답변

데이비드 제레마이어 지음

한길환 옮김

엘맨

하나님의 사람을 만들어 가는 ELMAN

성경은 그리스도인을 '이방 나그네', '거류민', '타국인'이라고 한다. 이 말씀은 영적인 의미로 나그네는 천국을 본향삼고 이 땅에서 순례자의 삶을 살아가는 그리스도인의 신분을 상징한다. 그럼에도 불구하고 우리는 주님과 영원히 함께 거할 우리의 진정한 본향인 천국에 대해서 잘 모른다. 따라서 우리는 소위 천국에 갔다가 왔다는 몇몇 신령한 사람들(?)의 개인적인 간증이나 우리의 막연한 상상력에 의존한다.

그러나 이 모든 것은 인간이 만들어낸 허구요 허상일 뿐이다. 우리가 하나님의 진리의 말씀인 성경이 천국에 대해서 어떻게 말씀하는가를 아는 것이 곧 천국에 대해서 올바로 이해하는 것이다. 데이비드 제레마이어 박사는 일생을 천국에 관한 성경 말씀을 연구하면서 보냈다. 그는 우리가 궁금해 하는 천국에 대해서 자신의 체험이나 상상이 아닌 성경적으로 일목요연하게 질문과 답변 형식으로 정리했다.

이 책이 오늘도 천국을 소망하며 그리스도인으로서 정체성을 잃지 않고 사회적인 냉소와 냉대를 이겨내며 천국을 향해 가는 순례자의 삶을 사는 진정한 그리스도인들과 하루하루 고통스러운 병마와 싸우며 주님의 자비하심을 간절히 바라는 모든 환우들에게 위로와 소망을 주기를 간절히 기원한다.

- 충남 홍성 생명의 강가 작은 서재에서 한길환 목사

천국을 생각하면 무엇이 떠오르는가? 구름과 하프? 첨탑과 둥근 지붕? 대부분의 사람들은 성경에 대한 세심한 연구보다는 텔레비전, 영화, 그리고 그들의 상상으로부터 천국에 대한 인상을 만들어 낸다. 그러나 성경은 천국에 대해 500번 이상의 언급을 하고 있다. 성경은 우리의 영원한 집에 대한 상세한 정보와 함께 하나님의 자녀들을 위한 세부적인 여행담을 제공한다. 나는 몇 년 동안 성경에서 이 주제를 연구한 후, 하나님이 주신 포괄적인 정보에 압도되었다. 그분은 우리의 자연스러운 질문에 구체적인 답을 주신다. 이 책에서 나는 가능한 한 단순하고 읽기 쉽게 그리고 성경적으로 이러한 답을 나누려고 했다.

결국, 이 책은 우리의 마음을 천국과 그분께 강하게 돌리게 한다. 성경은 "그러므로 너희가 그리스도와 함께 다시 살리심을 받았으면 위의 것을 찾으라 거기는 그리스도께서 하나님 우편에 앉아 계시느니라 위의 것을 생각하고 땅의 것을 생각하지 말라"(골 3:1,2)고 말씀한다.

제2차 세계대전 동안, 프랭클린 루즈벨트(Flanklin Roosevelt)가 장애 때문에 병사들에게 이동하기 힘들었을 때, 엘레노어 루즈벨트(Eleannor Roosevelt) 영부인이 그의 자리를 대신했고, 그녀는 전 세계의 군인들이 가장 좋아하는 사람이 되었다. 그녀는 전보와 편지를 프랭클린 루스벨트에게 보냈고 그의 눈과 귀가 되었다. 태평양에서의 출장에서 그녀는 한 무리의 군인들과 이야기를 나누며 저녁을 보냈고, 나중에 그녀의 남편에게 모든 군인들에게는 오직 하나의 생각, 즉 그들이 집으로 돌아갈 수 있도록 전투를 끝내고 싶은 소원이 있다고 말했다.

　그것이 하나님의 자녀들이 천국에 대해서 느끼는 감정이다. 우리는 지구상에 임시로 배치되어 있다. 주님의 선하심과 자비하심이 우리가 사는 모든 날 동안 우리를 따를 것이다. 그러나 우리가 정말로 기대하는 것은 우리 주님의 집에서 영원히 사는 것이다. 이것이 이 책의 전부이다.

-데이비드 제레마이어-

　구약과 신약은 천국을 높고 매우 높은 위로 올라가는 장소로 묘사하고 있다. 천국을 뜻하는 구약의 말씀은 샤마임(מַיִם‎)으로 이는 "높은 곳"을 의미한다. 신약의 천국을 의미하는 우라노스(ουρανος)라는 그리스어 단어는 "아주 높은, 하늘, 하늘나라, 천상"을 의미한다.

천국은
무엇인가?

chapter 1

이 세상에 사는 동안
왜 천국에 대해 연구해야 하는가?

　당신은 천국이 성경에 500번 이상 언급이 되었다는 사실을 알고 있는가? 성경의 천국에 대한 두드러진 가르침은 우리의 마음과 생각에서도 두드러져야 한다. 우리가 더욱더 천상의 마음을 갖게 될수록, 우리는 이 세상에서 더 선한 사람이 된다!

　하나님은 우리 마음속에 영원에 대한 갈망, 즉 천국에 대한 갈망을 주셨다.
　그러나 만일 우리가 천국을 이해하지 못하고 하나님의 말씀인 영적인 진리로 갈망을 채우지 않는다면, 우리는 결국 그 갈망을 허무하고 속된 것으로 만족시키려고 노력할 것이다. 사실, 우리는 하나님이 우리를 위해 하늘나라의 집에 예비하신 모든 것을 결코 대략적으

.

로 추정할 수 없다. 그리고 우리는 세상에 천국을 재현할 수 없다. 하지만 우리를 기다리고 있는 영원한 집에 집중하고 준비할 때. 우리의 세속적인 초점은 하나님을 공경하고 다른 사람들을 그분께 인도하는 삶을 사는 쪽으로 옮겨진다.

우리는 하나님이 우리를 위해 하늘나라의 집에 예비하신 모든 것을 결코 대략적으로 추정할 수 없다.

천국은 진짜
물리적인 장소인가?

    천국은 상상력의 산물이 아니다. 또한 마음의 감정, 마음의 상태 또는 마음으로 지어낸 이야기도 아니다.

    천국은 준비된 사람들을 위해 그리스도께서 준비하신 문자 그대로의 장소이다. 요한복음 14장에서 예수님 자신은 그분의 제자들에게 다음과 같은 약속을 남기고 떠나셨다.

> "내 아버지 집에 거할 곳이 많도다 그렇지 않으면 너희에게
> 일렀으리라 내가 너희를 위하여 거처를 예비하러 가노니
> 가서 너희를 위하여 거처를 예비하면 내가 다시 와서
> 너희를 내게로 영접하여 나 있는 곳에 너희도 있게 하리라"
>
> (요 14:2,3).

이 구절에서 "장소"로 번역된 그리스어 용어가 더 구체적으로는 정착할 수 있는 장소를 가리키는 토포스(topos; τόπος-또뽀스)라는 단어를 언급하는 것은 흥미롭다.

이 약속으로부터 우리는 천국이 진짜, 언젠가 성도들이 그들의 구세주와 함께 할 곳 진짜 물리적인 장소라는 것을 확신할 수 있다!

천국은 준비된 사람들을 위해 그리스도께서 준비하신 문자 그대로의 장소이다.

천국은 성경에 몇 단계로
묘사되어 있는가?

성경은 세 개의 뚜렷이 다른 하늘을 말씀한다.

1. 첫째 하늘은 이사야 55장에 묘사되어 있으며 구름과 새들의 영역 즉 지구를 둘러싸고 있는 대기층이다(창 1:20).
2. 둘째 하늘은 창세기 1장 4-17절에서 태양, 달, 별, 행성, 은하와 같은 천체의 영역으로 언급된다.
3. 셋째 하늘은 바울이 고린도교회에 보내는 그의 두 번째 편지에서 첫째 하늘과 둘째 하늘을 넘어 어느 날 우리가 그리스도와 합류할 하나님의 거처인 셋째 하늘에 "이끌려갔다"(고후 12:2)고 말씀한다.

천국의 정확한 위치는
어디인가?

우리는 정확한 위치는 알 수 없지만 천국이 "위"에 있다는 것은 안다. 에베소서 4장 10절은 천국이 우리 위에 있다는 것을 의미하는 그리스도께서 모든 하늘 위에 올라가셨다고 말씀한다. 그러나 "위쪽"은 당신이 지구상에 있는 위치에 따라 다른 장소이다. 이사야 14장 13절에 사탄은 하나님께 이르기를 "내가 하늘에 올라 하나님의 뭇별 위에 내 자리를 높이리라 내가 북극 집회의 산 위에 앉으리라"고 했다. 북극은 천국이 북쪽에 있다는 것을 가리킬 것이다. 우리는 천국의 정확한 위치를 모른다할지라도 그 곳이 하나님의 자녀들을 위해 예비 된 특별한 곳이라는 것을 알고 있다.

우리는 천국의 정확한 위치를 모른다할지라도 그 곳이 하나님의 자녀들을 위해 예비 된 특별한 곳이라는 것을 알고 있다.

그리스도인의 이름이 생명책에서 지워질 수 있는가?

생명책이 어떻게 작용하는지 이해하기 위해서, 우리가 1세기의 로마와 그리스의 관행을 더 잘 이해할 필요가 있을 것이다.

요한이 살았던 당시의 도시들은 그 도시의 경계 내에 살았던 모든 사람들의 이름을 포함하는 등기부가 있었다. 그러나 어떤 사람이 자신의 시민권을 더럽혔다면, 그는 법정에 불려갈 수 있었고, 그의 이름은 등기부에서 문자 그대로 "지워질 수" 있었다. 그는 더 이상 그 특정 대도시의 시민으로 여겨지지 않을 것이며 익명으로 살거나 다른 곳으로 이사를 보내게 될 것이다.

그 개념을 염두에 두고, 나는 생명책이 원래 이 세상에 태어난 모든 사람의 이름을 담고 있는 책이라고 믿는다. 그러나 만약 어떤 사람이 하나님의 구원의 제안을 거절하고 죽는다면 그 이름은 어린 양의 생명책에서 지워진다.

만약 어떤 사람이 하나님의 구원의 제안을 거절하고 죽는다면 그 이름은 어린 양의 생명책에서 지워진다.

"누구든지 생명책에 기록되지 못한 자는 불 못에 던져지더라" (계 20:15).

어린 양의 생명책은 무엇이며
내 이름이 그 안에 들어 있는가?

천국에는 어린 양의 생명책이라고 불리는 책 또는 등기부가 있다고 성경에 기록되어 있다. 그리고 천국에 들어 갈 모든 사람들의 이름이 그 한 권에 기록되어 있다.

저명한 성경학자 윌리암 뉴웰(William R. Newell)은 생명책에 대해 주목해야 할 네 가지가 있다고 말했다.

1. 어떤 사람을 파멸시키는 것은 자기의 선행이 아니라 자기 이름이 생명책에 기록되어 있지 않다는 것이다.
2. 악행이 문제가 아니다. 지구상에서 엄청난 죄를 저지른 많은 죄인들의 이름이 하나님의 구원의 제의를 받아들였기 때문에 생명책에 기록되어 있다.
3. 그 책에 이름이 없는 사람들은 불 못에 던져진다(계 20:15).
4. 그 책에서 발견된 모든 이름은 심판의 날 이전에 기록되었다.그 날에 이름이 기록(이미 결정이 되었다)된다는 기록은 없다.

요한계시록 22장 15절은 "개들과 점술가들과 음행하는 자들과 살인자들과 우상 숭배자들과 및 거짓말을 좋아하며 지어내는 자는 다 성 밖에 있으리라"고 기록되어 있다.

예수 그리스도는 천국에 가는 유일한 길이다. 예수 그리스도는 그 날에 "내가 너희를 도무지 알지 못하니 불법을 행하는 자들아 내게서 떠나가라"(마 7:23)고 말씀하실 것이다. 우리는 단순히 "선한 사람"이 되거나 "선한 삶"을 사는 것으로 천국으로 가는 표를 얻을 수 없다. 궁극적으로 우리는 죄를 회개하지 않고 예수님을 우리 주님과 구원자로 영접하지 않으면 천국에 들어갈 수 없다. 그때 우리는 우리의 이름이 생명책에 기록되어 있다는 것을 완전히 확신할 수 있다.

———

"내가 곧 길이요 진리요 생명이니 나로 말미암지 않고는 아버지께로 올 자가 없느니라"(요 14:5).

그들은
지금
어디에
있는가?

chapter 2

우리 영혼은 휴거에서 부활할 때까지 잠들어 있는가?

성도가 죽으면 그의 몸은 무덤에 들어가 잠이 든다. 그러나 그의 영혼은 잠들지 않고 천국으로 간다.

성경에서 "잠든다"는 것은 신자의 죽음을 유연하게 일컫는 말이다. 바울은 데살로니가 성도들에게 다음과 같은 편지를 썼다.

"형제들아 자는 자들에 관하여는 너희가 알지 못함을 우리가 원하지 아니하노니 이는 소망 없는 다른 이와 같이 슬퍼하지 않게 하려 함이라"(살전 4:13). 바울은 우리가 밤에 자는 것처럼 잠들어 있다는 것을 이야기하고 있는 것이 아니라 그리스도인의 죽음을 묘사하고 있는 것이다.

신약에서 "잠든다"로 번역된 그리스어는 꿰마오($\kappa o\iota\mu\acute{a}\omega$)인데, 꿰마오는 "누워 있다"와 같은 그리스어 뿌리에서 파생되었다. 꿰마오는 또한 호텔에서 하룻밤을 자고 다음날 일어나 여행을 계속하는 사람을 묘사하는데 사용되었다. 이것은 성도들이 죽을 때 일어나는 아름다운 모습이다. 그들의 몸은 휴거해서 부활을 기다리며 잠들며, 한편 그들의 영혼은 우리 주님과 함께 있기 위해서 천국으로 간다.

그들의 몸은 휴거해서 부활을 기다리며 잠들며, 한편 그들의 영혼은 우리 주님과 함께 있기 위해서 천국으로 간다.

소유나 재산의 면에서 사람의 세속적인 지위가 영원한 안식처에 영향을 미치는가?

누가복음 16장 19-31절에 묘사된 부자는 세상에 있는 동안, 자색 옷과 고운 베옷을 입고, 많은 하인들을 거느렸고, 호화로운 식사를 했다. 이와는 대조적으로, 불쌍한 나사로는 상처투성이였고, 부스러기에 의지했고, 그를 돌볼 개만 있었다. 얼마나 대조적인가! 그러나 우리는 나사로가 낙원에 갔다는 것을 안다. 한편 부자는 고통의 장소로 보내졌다. 하나님 앞에서 우리의 영적인 신분만이 우리의 영원한 안식처를 결정한다.

하나님 앞에서 우리의 영적인 신분만이 우리의 영원한 안식처를 결정한다.

중간 천국이 있는가?

성경은 그리스도께서 승천하시기 전에 있었던 모든 성도들이 낙원 또는 아브라함의 품(눅 16:22, KJV)이라고 불리는 중간 천국에 갔다고 가르친다.

그러나 예수님은 죽으신 후 승천하실 때, 낙원으로 가셔서 거기에 있는 성도들 즉 모든 구약시대의 성도들(승천 이전에 하나님을 믿고 죽은 성도들)을 데리고 그분과 함께 셋째 하늘로 가셨다(엡 4:8-10).

이것은 성도들이 죽음과 동시에 더 이상 중간 천국으로 가지 않는다는 것을 의미한다. 오늘날의 성도들의 영혼은 낙원이 더 이상 중간 장소가 아니기 때문에 즉시 셋째 하늘로 간다. 낙원에서 이제 하나님과 함께 있다(고후 12:2-4).

중간 지옥이 있는가? 연옥은 어떤가?

그렇다. 중간 지옥이 있다. 불신자들이 죽을 때, 그들의 몸은 무덤으로 가고 그의 영혼은 음부(하데스)로 간다. 요한계시록 20장은 죽음과 음부가 죽은 자를 넘겨주었다고 말씀한다(13절). 이 구절은 사망과 음부가 불 못(14절)-영원한 지옥-에 던져질 때 흰 보좌 심판이 있을 때까지 음부가 중간 지옥으로 남아 있음을 나타낸다.

그러나 음부는 판결의 장소가 아니다. 연옥과 같은 장소는 없다. 성경은 "한 번 죽는 것은 사람에게 정해진 것이요 그 후에는 심판이 있으리니"(히 9:27)라고 말씀한다.

누가복음 16장 26절에서 아브라함은 음부와 낙원 사이에 고착된 "큰 구렁텅이"가 있다고 묘사한다. 그 결과 "여기서 너희에게 건너 가고자 하되 갈 수 없고 거기서 우리에게 건너올 수 없게 하였다"고 말한다. 이 구절은 천국과 지옥 사이에 영원한 깊은 틈이 있음을 보여 준다. 우리는 한 편에서 다른 편으로 "건너" 갈 수 없을 것이다. 우리가 영원에 대해 어떤 결단을 내리든 그것은 이 세상에서 결정될 것이다.

우리가 영원에 대해 어떤 결단을 내리든 그것은 이 세상에서 결정될 것이다.

―

"우리가 하나님과 함께 일하는 자로서 너희를 권하노니 하나님
의 은혜를 헛되이 받지 말라 이르시되 내가 은혜 베풀 때에 너에게
듣고 구원의 날에 너를 도왔다 하셨으니 보라 지금은 은혜 받을 만
한 때요 보라 지금은 구원의 날이로다"(고후 6:1,2).

천사들과
죽음

chapter 3

성도가 죽을 때 천사들은 어떤 역할을 하는가?

　당신은 어떤 사람이 "천사가 와서 그를 데리고 갔다"고 말할 때, 그것은 단지 고상한 감정이라고 생각하는가? 아니면 성경에 근거를 둔 것이라고 생각하는가? 예수님은 거지 나사로가 죽었을 때, 그는 "천사들에게 받들려 아브라함의 품으로 들어갔다"(눅 16:22)고 말씀하셨다. 나는 예수님이 성도들을 영원한 세계로 안내하기 위해서 하나님이 그분의 천사들을 보내신다는 것을 확신시키시려고 이 세부사항을 포함시켰다고 믿는다.

그렇다면 천사들은 왜 성도들을 천국으로 데려가는 것일까? 예수님이 살고 계시는 셋째 하늘은 지구로부터 믿을 수 없을 만큼 뻗어 있는 대기권이다. 만약 성도의 영혼이 하나님께 돌아오려면, 이 거대하고 광활한 공간을 통과해야 한다. 천사들은 우리가 혼자서 여행하지 않도록 하기 위해서 우리를 천국으로 데려간다. 하나님은 우리를 집으로 인도하시기 위해 천상의 호위병들을 보내신다.

  하나님은 우리를 집으로 인도하시기 위해 천상의 호위병들을 보내신다.

———

　"이에 그 거지가 죽어 천사들에게 받들려 아브라함의 품에 들어가고 부자도 죽어 장사되매 그가 음부에서 고통 중에 눈을 들어 멀리 아브라함과 그의 품에 있는 나사로를 보고 불러 이르되 아버지 아브라함이여 나를 긍휼히 여기사 나사로를 보내어 그 손가락 끝에 물을 찍어 내 혀를 서늘하게 하소서 내가 이 불꽃 가운데서 괴로워하나이다."

누가복음 16장 22-24절

어린
아이들은
어떤가?

chapter 4

천국에 들어가려면 어떤 방법으로
어린아이같이 되어야 하는가?

　예수님은 "진실로 너희에게 이르노니 너희가 돌이켜 어린 아이들과 같이 되지 아니하면 결단코 천국에 들어가지 못하리라 그러므로 누구든지 이 어린 아이와 같이 자기를 낮추는 사람이 천국에서 큰 자니라"고 말씀하셨다(마 18:3,4). 주님은 우리가 천국에 가는 방법은 우리가 우리의 선행으로 천국에 들어가는 길은 없다는 것을 인정하고 아무것도 더하거나 빼지도 말고 오직 예수 그리스도께 우리의 믿음을 두기 위해서 어린 아이처럼 우리 자신을 낮추어야 한다고 말씀하고 계시는 것이다.

　우리가 그분께 우리의 죄를 용서하시고 우리 안에 들어오셔서 생명의 주님이 되시도록 요청할 때, 우리는 절대적으로 확실하게 천국을 예약하게 된다.

우리는 우리의 선행으로 천국으로 가는 길을 얻을 수 없다.

성경에 언급된 구체적인 책임의 나이가 있는가?

어린 아이들이 복음의 메시지를 이해할 수 있는 구체적인 나이는 성경에 언급되어 있지 않다. 어린 아이들이 성숙하여 십자가상에서의 그리스도의 희생의 메시지가 그들에게 개인적으로 무엇을 의미하는지 이해하고 하나님 앞에서 그들의 죄와 죄책을 깨닫게 될 때까지 그들은 그리스도의 피로 덮여 있게 된다(마 18:14; 19:14). 이 원칙은 또한 육체적으로는 성숙하지만 정신적으로나 감정적으로 성숙하지 못한 사람들에게도 적용된다. 그들은 성숙한 몸일 수도 있지만 그들의 마음은 어린아이와 같다.

어린 아이들이 성숙하여 십자가상에서의 그리스도의 희생의 메시지가 그들에게 개인적으로 무엇을 의미하는지 이해하고 하나님 앞에서 그들의 죄와 죄책을 깨닫게 될 때까지 그들은 그리스도의 피로 덮여 있게 된다.

유산이나 낙태로 잃어버린 아이들은
어떻게 되는가?

태아와 관련하여, 우리는 성경의 권위에 따라 아이가 임신의 순간부터 사람이라는 것을 알고 있다(시 139:13). 그 진리를 근거로, 그들이 태어나지 않은 이유가 무엇이든지 이 태어나지 않은 아이들은 아버지께서 직접 천국으로 데려가실 것이다. 그리고 언젠가 우리가 그리스도를 믿는다면, 우리의 잃어버린 어린 아이들을 다시 보게 될 것이다.

우리의 구세주는 어린 아이들과 유아들에게 동정심을 가지고 계신다는 사실을 기억하라. 그분은 그들 중 한 명이라도 멸망하는 것을 원치 않으신다.

우리의 구세주는 어린 아이들과 유아들에게 동정심을 가지고 있으시다는 사실을 기억하라. 그분은 그들 중 한 명이라도 멸망하는 것을 원치 않으신다.

아이들은 천국에서 몇 살이 되는가?

이 문제와 관련하여 성경에 제시된 절대적인 대답은 없지만, 고려해야 할 다른 관점이 있다.

어떤 사람들은 우리가 천국에 도착했을 때, 우리 모두는 몸과 마음과 영이 성숙하게 될 것이라는 암시를 준다. 요한계시록은 천국에서의 예배를 그곳에 있는 모든 사람들을 포함하는 포괄적인 행위로 묘사하고 있다. 그러므로 천국에 있는 사람은 누구나 전능하신 하나님을 영원히 예배하는 예배에 참여할 수 있는 그런 나이가 될 것이다. 다른 사람들은 천년왕국이 천국의 일부라면 아이들이 성숙한 나이에 도달할 때까지 천국에 있을 것이고 성장하도록 허락된다는 것을 믿을 만한 이유가 있다고 주장한다.

요한계시록은 천국에서의 예배를 그곳에 있는 모든 사람들을 포함하는 포괄적인 행위로 묘사하고 있다.

어린 아이들은 어떤가?

천국에서 우리의 마음과 몸은 결코 퇴색하지 않을 것이고, 자원이나 기회가 결코 부족하지 않을 것이다. 따라서 우리의 일은 50년 동안만 지속되지 않을 것이고, 책들은 단 20년 동안만 인쇄되지 않을 것이다. 그들은 영원히 지속될 것이다.

랜디 알콘

천국은
지루한 곳은
아닌가?

chapter 5

천국에서 할 일이 있는가?
아니면 그냥 앉아 있는가?

우리가 천국에서 할 일 없이 앉아 있지 않을 것이라는 것을 확신하라.

천국에 가면 하나님은 우리에게 무슨 말씀을 하실까? 나는 그분이 "잘했다, 착하고 충성된 종아, 너는 영원히 쉬라"고 말씀하시리라고 생각하지 않는다. 그분은 이렇게 말씀하실 것이다. "잘 하였도다 착하고 충성된 종아 네가 작은 일에 충성하였으매 내가 많은 것을 네게 맡기리니 네 주인의 즐거움에 참여할지어다"(마 25:21).

이제, 이 말씀은 우리가 영원히 둘러 앉아 있을 것 같이 들리지 않고-할일이 많을 것 같이 들린다! 언젠가 우리는 천 년 동안 이 새롭게 된 땅을 그리스도와 함께 다스리게 될 것이라는 것을 알고 있다.

요한계시록 22장은 "그의 종들이 그를 섬기며"라고 말씀한다(3절).
하나님은 우리 각자가 경이롭고, 행복하며, 신나게 고용되어 천국에
서 주님을 섬기도록 위대한 계획을 세우셨다. 그리고 우리는 하나님
이 우리에게 주신 능력을 최대한 나타내고 그분이 우리 안에 두신 은
사를 사용하여 그분을 섬기게 될 것이다.

　우리가 여기에서(세상) 일하는데 따르는 어려움, 압박, 스트레스,
그리고 마음의 고통은 경험하지 못할 것이다.

　우리는 영원토록 우리가 차지하게 될 영광스러운 모든 일을 이해
할 수는 없지만, 우리의 섬김은 헤아릴 수 없는 기쁨과 성취로 귀결
될 것임을 알 수 있다.

천국은 지루한 곳은 아닌가?

천국이 결코 지루하지 않다는 근본적인 이유가 있다. 하나님은 지루하신 분이 아니시다! 하나님은 당신이 상상할 수 있는 것보다 수천 배나 더 흥미진진하시고 모험심이 강하시고 창조적인 분이시다. 우리는 우리가 영원히 함께 보낼 삼위일체 안에 거주한다는 흥분의 한 조각조차 이해할 수 없다.

시편 기자는 이렇게 기록하고 있다. "주의 앞에는 충만한 기쁨이 있고 주의 오른쪽에는 영원한 즐거움이 있나이다"(시 16:11). 우리가 천국에 들어가서 주님 앞에 있을 때, 우리가 하는 모든 일은 완전한 만족과 보상을 가져다 줄 것이다. 우리는 우리에게 조금이라도 공허함을 느끼게 하는 어떤 일에도 관여하지 않을 것이다. 우리가 하는 모든 일은 우리에게 절대적이고 완전한 성취와 기쁨을 가져다 줄 것이다. 왜냐하면 이것이 하나님이 창조하신 방법이기 때문이다.

사실, 전도서 3장 11절은 우리의 마음속에 "영원을 사모하는 마음을 주셨다"고 말씀한다. 이것은 천국이 아닌 다른 어떤 것으로도 만족할 수 없는 공간을 하나님께서 우리 안에 만들어 주셨다는 것을 의미한다. 그리고 그것이 우리가 천국에서 지루해하지 않을 이유이다. 그곳은 우리의 모든 마음이 갈망하는 모든 것이다! 천국에서, 우리는 마침내 창조된 완전함을 느끼며 기뻐할 것이다.

　천국이 아닌 다른 어떤 것으로도 만족할 수 없는 공간을 하나님께서 우리 안에 세우셨다.

천국의 거주자는 누구인가?

히브리서 12장 22,23절에서 우리는 천국의 거주자 일부 명단을 본다. "너희가 이른 곳은 시온 산과 살아 계신 하나님의 도성인 하늘의 예루살렘과 천만 천사와 하늘에 기록된 장자들의 모임과 교회와 만민의 심판자이신 하나님과 및 온전하게 된 의인의 영들"에 대해서 말씀한다. 성도들은 무수한 천사들의 무리와 의롭게 된 의인들(구약의 성도들)과 그리고 거듭난 사람들(교회) 모두와 영원히 함께 지내게 될 것이다. 무엇보다도 우리는 우리의 하나님과 함께 영원히 지내게 될 것이다.

성도들은 무수한 천사들의 무리와 의롭게 된 의인들과 그리고 거듭난 사람들 모두와 영원히 함께 지내게 될 것이다.

천국에서 서로 교제를 하는가?

천국에서, 우리는 이전과는 결코 다른 교제를 할 것이다! 왜냐하면 우리는 하나님의 백성이 될 것이며, 우리는 서로 완벽하고 화목하게 지낼 수 있으며, 그리고 처음으로 우리 모두가 마음속에 갈망하던 친밀한 교제를 즐길 수 있기 때문이다.

그리고 천국이 충분히 흥미롭지 않다면, 역사상 모든 연령대의 사람들, 심지어 우리가 책에서만 읽어서 아는 사람들과도 교제할 수 있는 무한한 기회가 있다는 것을 상상해 보라. 내가 만나고자 하는 사람들 구약성경에서 다윗과 요셉 그리고 다니엘, 시. 에스 루이스(C. S. lewis-영국의 학자, 평론가 겸 소설가로 무신론자였지만 1929년에 회심했다. 그는 이후 기독교를 논리적으로 설명하는 기독교 변증론을 펼친 인물로 손꼽힌다.-역주), 찰스 핸돈 스펄전(Charles Haddon Spurgeon-설교의 황태자라는 별명으로 불리는 그는 영국 역사상 가장 화려한 시기인 빅토리아 시대에 활동한 설교자였다-역주), 앤드류 머레이(Andrew Murray-19세기 남아프리카의 성자이자 기도와 성령의 사람으로 240여 편의 주옥 같은 글들을 남겼는데,

그 대부분이 그리스도인의 경건생활과 기도에 관한 것이다-역주), 에이든 윌
슨 토저(Aiden Wilson Tozer-미국의 개신교 목사이자 설교가, 저자로 미국의
대표적인 복음주의 목회자 중 한 명이었으며 교회의 부패한 현실을 비판하고 인
기에 영합하지 않는 태도를 보여 이 시대의 예언자라는 평을 받았다-역주). 그
리고 그 밖의 많은 다른 사람들이 있다.

이 얼마나 놀라운 교제 시간인가! 우리는 어쩌면 그것을 완전히 이
해할 수는 없지만, 우리는 공동체 안에서 함께 살 것이고, 영원히 서
로 무한한 교제를 할 수 있을 것이다.

역사상 모든 연령대의 사람들, 심지어 우리가 책에서만 읽어서 아
는 사람들과도 교제할 수 있는 무한한 기회가 있다는 것을 상상해 보
라.

천국에서 그리스도와 교제할 수 있는가?

천국에서, 우리는 성도와 천사들과만 교제하지는 않을 것이다. 우리는 우리 주님을 알 수 있고 우리는 아마도 우리가 이해할 수 없는 방식으로 우리 주님과 교제를 하게 될 것이다. 갈릴리 거리를 걸으시고 병든 자를 치료하시고 불구자와 눈먼 자들에게 사역하신 그 주님, 못 박히신 거룩한 손과 그분의 옆구리에 구속의 표시가 있으신 그 주님, 우리는 그분을 알 것이다. 우리의 구세주는 우리의 개인적인 친구가 될 것이다. 우리는 그분과 영원토록 교제할 것이다.

갈릴리 거리를 걸으시고 병든 자를 치료하시고 불구자와 눈먼 자들에게 사역하신 그 주님, 못 박히신 성스러운 손과 그분의 옆구리에 구속의 표시가 있으신 그 주님, 우리는 그분을 알 것이다. 우리의 구세주는 우리의 개인적인 친구가 될 것이다. 우리는 그분과 영원토록 교제할 것이다.

갈릴리 거리를 걸으시고 병든 자를 치료하시고 불구자와 눈먼 자들에게 사역하신 그 주님, 못 박히신 성스러운 손과 그분의 옆구리에 구속의 표시가 있으신 그 주님, 우리는 그분을 알 것이다. 우리의 구세주는 우리의 개인적인 친구가 될 것이다. 우리는 그분과 영원토록 교제할 것이다.

천사들은 도대체 무엇인가?

chapter 6

왜 천사들을 연구하는가?

이 "기묘한" 천사들의 주제에는 우리가 상상하는것보다 훨씬 더 많은 것이 있다.

신비한 이 모든 주제가 우리를 몰두시킨다. 그러나 신비는 유익하며 많다. 그리고 아마도 지금이 그 어느 때보다 더 그렇다. 오늘날 많은 그리스도인들은 하나님의 일을 생각할 때 경외심과 신비감이 부족하다. 나의 기도는 우리가 하나님의 천사를 둘러싼 비밀을 중시함에 따라 이 추정이 바로잡히기 시작할 것이라는 것이다. 일단 우리가 정직하게 성경이 천사들에 대해 우리에게 말씀하는 놀라운 것들을 검토하면, 우리는 하나님으로부터 주의를 돌리는 대신 하나님께 더 가까이 다가가는 자신을 실제로 발견하게 된다. 그리고 나는 하나님과 똑같이 고귀하게 보는 태도로 천사를 연구하는 사람은 누구든지 그분께 더 고귀한 태도를 보인다할지라도 본질에서 벗어나는 것이라고 믿는다. 모든 영광은 천사들의 하나님께 있다!

천사들은 어디에 살고 있는가?

천사들은 오직 하나님의 것이기 때문에 천사들의 거주지는 하나님이 거하시는 천국이다.

천국에 대한 가장 적합한 정의는 그것이 하나님의 거처라는 것이다. "하늘은 나의 보좌이다"(사 66:1)라고 하나님은 말씀하신다. 그리고 그곳은 천사들이 일하는 곳이다. 그들은 하나님의 보좌가 있는 공식 알현실에 살고 있다. 왜냐하면 그들은 하나님의 것이기 때문이다. 그러나 또한 바울이 우리에게 "위의 것을 생각하고 땅의 것을 생각하지 말라"(골 3:1,2)고 말했을 때, 이것을 명심하라. 그는 특히 천국이 그리스도가 계시는 곳임을 지적한다. 천사들도 거기에 있지만 바울은 그들을 주목받게 하지 않는다. 우리를 천국으로 마음을 정하게 하시는 분은 천사가 아니라 그리스도이시다.

얼마나 많은 천사들이 존재하는가?

정확한 천사들의 숫자는 성경에 나와 있지 않지만 그들이 엄청난 수를 이루고 있다는 증거는 많다. 요한계시록 5장 11절에서 사도 요한은 이렇게 말씀한다. "보좌와 생물들과 장로들을 둘러선 많은 천사들의 음성이 있으니 그 수가 만만이요 천천이라." 이것은 얼마나 많은 천사들이 있는가를 말해 주는 것이다. 미국의 평균 미식 축구 경기장은 약 50,000명을 수용한다. 10,000×10,000만 명을 수용하려면 그 크기의 2,000개의 경기장이 필요할 것이다. 사도 요한이 본 천사의 수는 1억 이상이었을 것이다. 10,000은 그리스어에서 사용된 가장 높은 숫자였다.

만만과 천천은 말로 표현할 수 없을 정도로 많은 천사의 무리를 묘사하는 요한의 방식이었을지도 모른다. 히브리서 12장 22절은 "너희는 시온산과 살아계신 하나님의 성 곧 하늘에 있는 예루살렘과 무수한 천사들의 무리에게 이르렀다(KJV)"고 말씀한다. 이것은 실제로, 천사의 수가 셀 수 없을 만큼 많다는 것을 나타낸다.

천사들은 언제 창조되었는가?

구약 성경에서 하나님은 욥에게 천사들은 땅이 창조되었을 때 축하하기 위해 이미 현장에 있었다고 말씀하셨다. "폭풍 가운데서 욥에게 이르시되…네가 땅의 기초를 놓을 때에 너는 어디 있었느냐 네가 깨달아 알았거든 말할지니라…그 주초는 무엇 위에 놓였으며 그모퉁이 돌은 누가 놓았느냐 새벽별이 함께 노래하며 모든 천사들이 함께 다 기뻐 소리를 질렀느냐"(욥 38:1,4,6,7, NIV). 지구가 형성되었을 때 욥은 그곳에 없었지만, 천사들은 있었고 그들 역시 즐거운 시간을 보내고 있었다. 따라서 우리가 보는 것처럼 천사들이 세상 그어떤 것보다 더 나이가 많을 가능성이 높다.

우리가 보는 것처럼 천사들이 세상 그 어떤 것보다 더 나이가 많을 가능성이 높다.

천사들은 죽는가?

다니엘서 9장을 보면 가브리엘 천사가 선지자 다니엘에게 나타났다. 그로부터 500년 이상이 지난 후 이 불변의 동일한 가브리엘이 세례요한의 아버지 사가랴에게 나타났다(눅 1:5-25). 그리고 누가복음 20장 36절에서 우리는 "그들은 다시 죽을 수도 없나니 이는 천사와 동등이요 부활의 자녀로서 하나님의 자녀임이라"는 말씀을 본다.

영적인 존재로서 천사들은 병이 들거나 늙어서 결국 죽는 것과 같은 것을 모른다. 언젠가는, 우리도 그런 고통의 범위를 벗어나게 될 것이다. 우리와 천사들은 하나님의 하늘의 왕국에서 영원히 시민권을 공유할 것이다.

하나님은 첫 창조 이후로
더 많은 천사들을 창조하셨는가?

하나님이 첫 창조 이후로 더 많은 천사들을 창조하셨다고 믿을 만한 성경적인 근거는 없다. 천사들은 죽지 않기 때문에, 그들의 숫자 역시 줄어들지 않는다. "부활 때에는 장가도 아니 가고 시집도 아니 가고 하늘에 있는 천사들과 같으니라"(마 22:30)는 예수님의 말씀에 따르면, 천사들은 결혼을 하지 않기 때문에, 더 이상 증가하지 않았다. 오늘날 우리는 지금까지 우리가 알고 있었던 것만큼 많은 천사들이 있다.

오늘날 우리는 지금까지 우리가 알고 있었던 만큼 많은 천사들이 있다.

천사들은 인간과 같은
육체적인 몸을 가지고 있는가?

천사들은 우리가 생각하는 것처럼 실재하지만 육체적인 실체는 없다. 히브리서 1장 14절은 "모든 천사들은 섬기는 영으로서 구원받을 상속자들을 위하여 섬기라고 보내심을 받았다"고 설명한다. 그들은 분명히 육체적인 본성도 없고, 숨을 쉬지 않고 피도 없다. 하나님은 그들을 비형체적인 존재로 창조하셨다. 만약 그들이 어떤 형태의 영원한 몸을 가진다면, 이것은 아마도 우리가 언젠가 영원히 입을 같은 몸일 것이다. 천사들은 그들이 누리는 하나님과 끊임없이 가까이 있도록 허용되는 것은 그들의 영적인 본성과 영적인 거룩함임에 틀림없다.

천사들은 우리가 생각하는 것처럼 실재하지만 육체적인 실체는 없다.

천사들은 하나님과 같이 동시에 어디에나 존재하며 전능하며 모든 것을 다 아는가?

그들의 영적 상태에서 천사들은 하나님이 결코 가지실 수 없는 많은 한계를 가지고 있다. 예를 들어, 천사들은 동시에 모든 곳에 계시는 하나님과는 달리 동시에 한 곳 이상 있을 수 없다. 오직 하나님만이 무한한 위치에 계신다-그분은 어디에나 계신다.

천사들은 강하지만, 그들은 하나님처럼 전능하지 않다. 그들은 하나님 없이는 무력하다. 그들은 오직 하나님이 그들을 통해 전달해 주시는 힘만을 행사할 수 있다.

천사들은 또한 지식이 제한적이다. 예수님께서는 천사들은 예수님이 세상에 재림할 때와 시를 모른다고 말씀하셨다(마 24:36). 그러나 하늘에 계신 하나님은 처음부터 끝을 항상 알고 계시며, 그분이 택하신 모든 사람에게 그분의 계획을 알리실 수 있다. 오직 그분만이 전지전능하시고, 모든 것을 아시고, 지식에 무한하시다.

미술 작품 속에 있는 어린아이 같거나
무시무시한 천사의 묘사가 정확한가?

우리는 우리 자신의 상상에 따라 천사들을 만들어 내거나 재형성해서는 안 된다.

수많은 사람들이 이 오류에 빠져 있다. 우리가 그림이나 책이나 옷핀이나 도자기 조각상이나 다른 종류의 상품들에서 보는 천사들 대부분은 한낱 인간의 상상력의 산물일 뿐이다. 그렇다면 성경은 천사를 정확히 어떻게 묘사하는가? 성경에는 하나님의 천사들은 항상 남성으로 나타난다. 여성으로 등장하는 천사들은 어떤 역사적 기록이나 어떤 개인적인 경험에 나타나지만 결코 성경에 나타나지 않는다.

강독에서 본 다니엘의 놀라운 인물에 대한 설명은 천사의 모습을 가장 자세하게 묘사한 성경이라고 불린다.

"그 때에 내가 눈을 들어 바라본즉 한 사람이 세마포 옷을 입었고 허리에는 우바스 순금 띠를 띠었더라 또 그의 몸은 황옥 같고 그의 얼굴은 번갯빛 같고 그의 눈은 횃불 같고 그의 팔과 발은 빛난 놋과 같고 그의 말소리는 무리의 소리와 같더라 이 환상을 나 다니엘이 홀로 보았고 나와 함께한 사람들은 이 환상은 보지 못하였어도 그들이 크게 떨며 도망하여 숨었느니라 그러므로 나만 홀로 있어서 이 큰 환상을 볼 때에 내 몸에 힘이 빠졌고 나의 아름다운 빛이 변하여 썩은 듯하였고 나의 힘이 다 없어졌으나 내가 그의 음성을 들었는데 그의 음성을 들을 때에 내가 얼굴을 땅에 대고 깊이 잠들었느니라"(단 10:5-9).

어떤 신빙성과도 영원히 동떨어지는 것은 천사들을 크리스마스 카드를 통해 반짝이는 투명 날개를 가진 통통한 아기 '천사들' 또는 '창백한 숙녀'들로 생각하는 것이다.

아니, 진짜 천사들은 하나님을 위해 최고의 전사였고 앞으로도 그럴 것이다.

하나님의 천사들은 모두 같은가?

각 천사들은 각자의 고유한 직무를 가지고 하나님의 뜻을 수행한다. 천사의 다양한 유형과 임무를 알아보기 위해 성경에서 천사를 지칭하기 위해 사용하는 몇 가지 용어를 살펴보도록 하자.

군대(짜바)-성경 전체에서 천사들은 "주님의 군대"라고 불리며, 구약성경 히브리어 짜바(צָבָא)와 신약성경 그리스어 스 뜨 라띠아 (στρατία)에서 유래한다. 두 용어는 모두 전쟁에 대비한 "잘 훈련된 군대"를 의미한다. 하나님의 천사들은 조직적이고 그분의 모든 요구와 명령에 응답할 준비가 되어 있다.

스랍(세라핌)-이 용어는 문자 그대로 "불타는 자들"을 의미하며, 이사야서에서만 언급된다. 이 천사들은 하나님 앞에 너무 가까이 있어서 거룩한 광채로 불탄다. 이사야 6장에 따르면, 스랍은 6개의 날개를 가지고 있다. 두 날개는 경외심으로 그들의 얼굴을 덮고, 두 날개는 겸손함으로 스랍의 발을 덮고, 두 날개는 날기 위한 것이다. 스랍은 또한 발, 손, 목소리와 같은 인간의 특징을 가지고 있다.

그룹들(케루빔)-그룹들은 하나님의 보좌에 아주 가까이 서 있는 천사들이다. 그리고 그들은 보통 우리가 케루브(유대 미술이나 기독교 미술에 등장하는 천사-역주)라고 생각하는 날개 달린 유아와 조금도 닮지 않았다). 에스겔 10장은 그룹들이 스랍보다 더 인간적인 모습을 하고 있다는 것을 암시한다. 각 그룹은 네 얼굴이 있다-사람의 얼굴, 사자의 얼굴, 황소의 얼굴, 독수리의 얼굴.

그들은 6개가 아닌 4개의 날개와 인간의 손을 가지고 있다. 다른 천사들과는 달리, 그룹들은 결코 하나님의 메시지를 사람들에게 전달하지 않는다.

그들은 또한 결코 천사라고 직접 불리지 않는다. 성경에 그룹들이 처음으로 나타나는 것은 에덴동산이다(창 3:24). 하나님은 아담을 낙원에서 쫓아낸 후, 생명 나무를 지키시려고 동산에 그룹들과 불 칼을 두셨다.

어떤 천사들이 성경에 구체적으로
이름이 언급되어 있는가?

성경은 두 천사의 이름을 언급한다.

미가엘-미가엘은 성경에 이름이 언급된 유일한 대천사이며, 대부분의 학자들은 그가 모든 천사들 중에서 가장 두드러진 유일한 천사장이라고 믿는다. 천사장이라는 용어는 단수로 신약성경에 나타나는데(유 1:9) 반해, 다니엘서 10장 13절은 미가엘을 "최고 군대장관 중 하나(KJV)"로 언급한다. 일반적으로 미가엘의 목소리는 그리스도의 재림과 교회의 휴거를 알리는 것이 될 것이라고 믿어진다. 그리고 요한계시록 12장 7,8절에 따르면, 언젠가 미가엘과 그의 천사들이 마지막 시대의 싸움에서 사탄과 모든 흑암의 세력을 대적해 승리할 것이라고 말씀한다.

가브리엘-"하나님의 전능자"를 의미한다. 누가복음 1장 19절에서 자신을 "하나님 앞에 서 있는 자"로 묘사한다. 그는 특별한 전령천사로 항상 기쁜 소식을 전한다. 그는 바벨론 포로가 끝날 즈음 다니엘의 기도에 응답했다.

그들의 천사들이 하늘에서 하늘에 계신 내 아버지의 얼굴을 항상 뵈옵느니라(마 18:10).

500년 후, 그는 세례 요한의 탄생을 알렸다. 그리고 예수 그리스도의 탄생을 알린 것도 가브리엘이었다.

하늘에서 누가 주님과 비교될 수 있으며 하늘의 존재하는 것들 가운데 누가 주님과 같으리까?(시 89:6, NIV).

천사들은 구원을 받는가?

구속은 천사들에게는 개인적인 현실이 아니지만, 그들은 우리를 대신하여 그것을 기뻐한다. 베드로전서 1장 12절에 따르면 "천사들도 살펴보기를 간절히 바라는 것들(NIV)"이라고 말씀한다. 천사들은 사람이 구원받을 때 아주 기뻐한다-죄인 한 사람이 회개하면 하나님의 천사들 앞에 기쁨이 되느니라(눅 15:10, NIV). 하지만 그들은 경험하지 않은 것을 개인적으로 증언할 수는 없다. 이것은 예수 그리스도께서 우리의 죄를 씻어 주시고, 우리에게 그분의 의(義)를 주셨을 때, 영원토록 그리스도인들만이 하나님이 가능하게 하신 개인적인 증언을 할 수 있다는 것을 의미한다.

───

그러므로 너희가 그리스도와 함께 다시 살리심을 받았으면 위의 것을 찾으라 거기는 그리스도께서 하나님 우편에 앉아 계시느니라 위의 것을 생각하고 땅의 것을 생각하지 말라…우리 생명이신 그리스도께서 나타나실 그 때에 너희도 그와 함께 영광 중에 나타나리라(골 3:1,2,4).

천국의
반역자들

chapter 7

광명의 천사는 무엇인가?

    세상에는 두 부류의 천사들이 있다. 하나님의 천사들이 있고, 성경에서 "광명의 천사들"이라고 부르는 천사들이 있다. 광명의 천사들은 선하지 않다. 그 용어는 사악한 천사들을 가리킨다. 바울은 우리에게 "사탄도 자신을 광명의 천사로 가장한다"(고후 11:14)고 경고한다. 이 천사들은 그들의 창조된 목적에 반기를 들었다. 바알세불-"마귀들의 통치자"(마 12:24)가 그들의 지도자이다.

    자신들을 광명의 천사들로 변신하는 사탄과 그의 추종자들의 능력은 매우 기만적이다. 그러므로 우리는 모든 천사들이 하나님께 속한 것이 아니라는 것을 인식하는 것이 가장 중요하다. 그것이 바로 요한1서 4장 1절이 우리에게 "영을 다 믿지 말고 오직 영들이 하나님께 속하였나 분별하라 많은 거짓 선지자가 세상에 나왔음이라"고 알려주는 이유이다.

얼마나 많은 천사들이 하나님께 반항하여 사탄을 따라갔는가?

사탄이 천사의 3분의 1을 끌어들여 반역에 가담시킬 수 있었다는 강력한 암시가 있다. 마귀들이 바로 그런 존재이다. 사탄과 함께 떨어져 이 땅에 그의 종으로 온 천사들이다. 요한계시록 12장 4절은 "그의(붉고 큰 용) 꼬리로 하늘의 별 삼분의 일을 끌어다가 땅에 던지더라(NIV)"고 말씀한다. 그리고 우리는 계시록에서 "별"이라는 단어를 통해 "별"이 천사를 가리킨다는 것을 안다(계 8:10, 11).

"셋째 천사가 나팔을 부니 횃불같이 타는 큰 별이 하늘에서 떨어져 강들의 삼분의 일과 여러 물 샘에 떨어지니 이 별 이름은 쓴 쑥이라 물의 삼분의 일이 쓴 쑥이 되매 그 물이 쓴 물이 되므로 많은 사람이 죽더라"(계 8:10,11).

어떻게 천사들이 하나님을 거역할 수 있는가?
천사들은 자유의지가 있는가?

고려해야 할 흥미로운 것은 왜 하나님이 사탄의 반란을 막지 않으셨는가 하는 것이다. 그분이 사탄을 창조하셨을 때 무슨 일이 일어날지 모르셨는가? 아니다, 하나님은 그것을 막으실 수 있었다. 왜냐하면 그분은 전능하시기 때문이다. 그리고 전지하신 하나님은 모든 것을 아신다. 답은 여기에 있다. 사탄은 우리처럼 정확하게 선택의 자유를 가지고 창조되었다. 하나님은 그분의 피조물들을 완전한 선택을 하도록 창조하신다.

"내가 오늘 하늘과 땅을 불러 너희에게 증거를 삼노라 내가 생명과 사망과 복과 저주를 네 앞에 두었은즉 너와 네 자손이 살기 위하여 생명을 택하고 네 하나님 여호와를 사랑하고 그의 말씀을 청종하며 또 그를 의지하라 그는 네 생명이시요 네 장수이시니 여호와께서 네 조상 아브라함과 이삭과 야곱에게 주리라고 맹세하신 땅에 네가 거주하리라." 신명기 30장 19, 20절

마귀들은 어디에 살고 있는가?

성경은 두 종류의 마귀들에 대해서 말씀한다. "타락하고 자유로운 천사들"과 "타락하고 투옥된 천사들"이다. "타락하고 자유로운 천사들"은 이 땅에서 사탄의 대리인으로 일하는 사악한 영들이다. 그들은 오늘날 세상에 참혹한 피해를 입히고 있다.

그러나 우리가 베드로후서 2장 4절과 유다서 1장 6절을 읽을 때, 우리는 자유롭지 못한 이 타락한 마귀들의 무리가 있다는 것을 알게 된다. 그들은 "타락하여 투옥된 자들"이다. 우리가 그들의 심판을 위해 예비 된 지옥의 구획 중 하나인 타르타로스(tartarus-지옥 아래의 밑바닥 없는 못-역주)라고 불리는 곳에 이미 수감되어 있는 마귀들의 한 집단이다.

왜 어떤 마귀들은 자유롭고
어떤 마귀들은 투옥되어 있는가?

성경은 이 천사들이 그들의 영역을 제대로 지키지 않았다고 말씀한다(유 1:6). 그리고 이것은 그들이 사탄과 함께 떨어졌을 때 그들의 원죄에 대해 말하는 것이 아니다. 많은 신학자들은 투옥된 천사들이 인간의 딸들을 보고 그들과 동거하면서 반 천사와 반 인간의 자손을 낳은 창세기 6장 2절에 언급된 부자연스러운 죄악을 범한 천사들이라고 믿는다. 이 천사들은 하나님이 결코 의도하지 않으셨던 관계를 추구하기 위해서 그들의 고유한 영역을 떠나 인간의 영역으로 들어왔을 때 경계를 부여하신 하나님을 배반했다.

마귀들에게 무슨 일이 일어나는가?
그들은 구원받을 수 있는가?

이 천사들은 전능하신 하나님 앞에서 살면서, 하나님께 반역하였다. 그들은 "악마와 그의 천사들을 위하여 준비된 영원한 불 속"(마 25:41, NIV)에서 영원한 벌을 받게 될 것이다. 마귀들은 소망이 없다, 왜냐하면 예수 그리스도께서 타락한 천사들을 구원하시기 위해서 갈보리에서 그분의 피를 흘리지 않으셨기 때문이다. 그리스도의 보배로운 피는 인류-잃어버린 사람들을 위하여 흘려졌다.

하나님이 범죄한 천사들을 용서하지 아니하시고 지옥에 던져 어두운 구덩이에 두어 심판 때까지 지키게 하셨다(벧후 2:4).

바리새인들은 듣고 이가 마귀의 왕 바알세불을 힘입지 않고는 마귀를 쫓아내지 못 하느니라 하거늘 예수께서 저희 생각을 아시고 이르시되 스스로 분쟁하는 나라마다 황폐하여질 것이요 스스로 분쟁하는 마을이나 집마다 서지 못하리니 만일 사탄이 사탄을 쫓아내면 스스로 분쟁하는 것이니 그리하고야 어떻게 그의 나라가 서겠느냐(마 12:24-26, NIV).

천사들과
당신

chapter 8

수호천사가 있는가?

　내가 판단하기로는 성경에 세상에 수호천사가 있을 수 있다는 두 구절이 있다. 첫째는 마태복음 18장 10절 말씀을 통해서 알 수 있다. "삼가 이 작은 자 중의 하나도 업신여기지 말라 너희에게 말하노니 그들의 천사들이 하늘에서 하늘에 계신 내 아버지의 얼굴을 항상 뵈옵느니라." 분명히, 하나님의 천사들 중 일부는 이 작은 자들을 보호하고 보살피라는 그분의 명령에 즉각적으로 반응할 수 있도록 아버지 앞에 준비하고 서 있으라는 임명을 받았다. 예수님은 이 특별한 천사들을 "그들의 천사"라고 부르셨다. 그래서 어떤 사람들은 이 구절을 모든 사람에게 천사가 있다는 증거로 사용했다.

　수호천사를 입증하는 듯한 두 번째 구절은 사도행전 12장이다. 베드로가 옥에서 풀려난 후 그는 마리아의 집으로 갔다. 거기에는 그의 석방을 위해서 한 무리의 그리스도인들이 기도하고 있었다. 로데라는 하인이 베드로가 문을 두드리는 소리에 대답하기 위해서 나왔다. 그의 목소리를 듣고 너무 기뻐서 그녀는 그를 밖에 세워두고 성도들에게 베드로가 문 앞에 서있다고 말하기 위해서 달려갔다. 그들은 그녀의 말을 믿지 않았고 문 앞에 서 있는 사람은 베드로의 천사임에 틀림없다고 생각했다. 현재로는 내가 알고 있는 단 두 구절만이 수호천사에 대한 개념을 언급하는 것이다. 그 모든 것을 말했기 때문에, 이야기의 다른 면도 제시하겠다. 왜냐하면 교회 역사상 많은 성도들이 수호천사를 믿었지만, 다른 사람들은 이 두 구절이 교리와 같은 것을 구성하기에는 어쩐지 충분한 증거가 되지 않는다고 생각하면서 그 견해를 거부했기 때문이다. 성경을 읽을 때, 하나 이상의 천사가 하나님의 택함 받은 사람을 대신하여 행동하도록 부름을 받은 때가 여러 번 있었다. 몇몇 천사들이 나사로의 영혼을 아브라함의 품으로 옮겼다. 엘리사와 그 종은 많은 천사들에게 둘러싸여 있었다.

시편 기자는 모든 천사들이 한 성도를 보호하기 위해서 모인다고 기록하고 있다.

지금, 우리는 각 성도들에게 수호천사가 있는지 없는지 절대적으로 확신할 수 없다. 그러나 우리는 하나님의 천사들이 우리를 돌보고 하나님이 부르실 때 그들이 우리 삶에 개입할 수 있다는 것을 알고 있다. 그것은 멋진 생각이다!

천사들은 무슨 목적으로 섬기는가?

영어는 천사를 구약의 히브리어로 "말락-מַלְאָךְ" 그리고 신약의 그리스어 "앙겔로스-ἄγγελος"로 번역한다. 이 말의 핵심적인 의미는 하나님의 심부름꾼인 전령이다. 그것이 천사가 누구이고 무엇이냐는 질문에 대한 본질이다.

천사들에 대한 하나님의 뜻과 일은 그들이 말하는 것과 그들이 하는 일을 통해 그분의 메시지를 전달하는 것이다(시 103:20,21). 오직 그분의 뜻에 순종하여 그들은 우리를 섬기도록 보내심을 받는다.

하나님은 우리를 위한 그분의 사역, 우리를 위한 그분의 계획, 그리고 우리를 보호하시기 위해서 천사들이 우리가 필요한 것을 충족시키도록 그들의 일상의 근면함을 사용하신다. 그들이 우리에게 힘과 깨달음을 줄 때, 그들이 전하는 것은 하나님의 힘과 깨달음이다(눅 22:43; 단 9:21-22). 그들의 격려는 곧 하나님의 격려하심이다

(창 16:10, 11). 그들의 인도는 하나님의 인도하심이다(행 11:13). 그들의 보호는 하나님의 보호하심이다(시 34:7). 그들이 위로와 도움을 줄 때, 그들이 주는 위로와 도움은 하나님의 위로와 도우심이다(마 4:10, 11). 그들이 진노를 가할 때, 그들이 가하는 것은 하나님의 진노하심이다(대하 32:21). 천사들이 말하고 하는 일을 통해, 하나님은 우리에게 개인적으로 그분의 우정, 그분의 아버지로서의 모습, 그리고 그 이상의 것들을 표현하신다.

천사들에게 도움을 요청할 수 있는가?

　성경은 우리가 직접 그들에게 도움을 청하면 천사들이 응답할 것이라는 암시를 주지 않는다. 우리는 결코 천사들에게 기도하라는 말을 들어서는 안 된다. 사실, 성경에서 우리는 하나님께 보호 천사를 보내달라고 요청하는 어떤 사례도 찾지 못한다. 그리고 성경에서 천사의 도움을 요청하라고 예수님을 설득한 유일한 존재는 사탄이었다. 사탄은 광야에서 예수님을 유혹하면서 천사들의 보호에 관한 구약성경 구절을 인용했다(마 4:6).

　천사들은 우리에게 보내심을 받은 하나님의 전령이다. 천사들은 결코 하나님께 보냄을 받은 우리의 전령이 아니다. 그들은 하나님께 가지 않는다. 그들은 우리와 천국 사이에 매개자 역할 또는 매개자이다. 성경에 천사에게 기도한 사람은 아무도 없었고 우리도 그렇게 해서는 안 된다. 우리는 하나님께 기도한다. 그리고 그분은 우리가 필요로 하는 도움이 되는 것을 보내신다.

왜 천사들은 세상에서 우리에게 보이지 않는가?

천사들이 인간에게 보이지 않는 한 가지 이유는, 만약 천사들이 보인다면, 그들은 경배를 받게 될 것이다. 자기 손으로 만든 작품을 숭배할 정도로 우상을 숭배하는 경향이 있는 인간은 눈앞에 있는 천사의 숭배를 좀처럼 뿌리치기 어려울 것이다. 계시록에서 요한은 두 번 천사와 맞닥뜨렸고 그를 경배하려고 했다. 두 번 모두 천사는 그에게 경배하지 말고 하나님께 경배하라고 말했다. 그의 책「천사들」우리가 혼자가 아니라는 강력한 확신-에서 빌리 그래함(Billy Graham)은 우리가 천사들을 볼 수 없는 또 다른 이유를 다음과 같이 제시한다.

"천사들이 선택에 의해 보일지 모르지만, 우리의 눈은 보통 우리가 핵장의 크기, 원자의 구조 또는 구리선을 통해 흐르는 전기로 볼 수 있는 것보다 더 그들을 보도록 만들어지지 않았다. 우리의 현실

감각 능력은 제한되어 있다. … 그렇다면 인간이 천사들이 존재한다는 증거를 인식하지 못하는 것을 왜 이상하게 생각해야 하는가?"

우리가 결코 알아채지 못할 정도로 개입하는 천사들이 주위에 많이 있을 것이다. 그러나 때때로, 적절한 때가 되면, 하나님은 우리가 그들을 볼 수 있도록 눈에서 비늘을 떼어내실 것이다. 민수기 22장 31절에서 주님께서 발람의 눈을 밝히셔서 그가 주님의 천사를 보았고, 열왕기하 6장 16,17절에서 주님께서 엘리사의 종의 눈을 밝히셔서 그가 엘리사를 둘러싸고 있는 "불말과 불병거들"을 보았다.

이것들을 보고 들은 자는 나 요한이니 내가 듣고 볼 때에 이 일을 내게 보이던 천사의 발 앞에 경배하려고 엎드렸더니 그가 내게 말하기를 나는 너와 네 형제 선지자들과 또 이 두루마리의 말을 지키는 자들과 함께 된 종이니 그리하지 말고 하나님께 경배하라 하더라.

요한계시록 22장 8,9절

천사들은 인간의 모습으로 나타나는가?

그렇다, 어떤 천사들은 인간의 모습으로 나타난다. 창세기 18, 19장에서 천사들은 아브라함과 롯에게 사람으로 나타난다. 성경을 주의 깊게 읽어보면 이 천사들이 먹고, 씻고, 걷고, 손을 잡는 것을 볼 수 있다. 그들은 육체적인 형태를 취했다.

히브리서 13장 2절은 "손님 대접하기를 잊지 말라 이로써 부지중에 천사들을 대접한 이들이 있었느니라"라고 말씀한다. 만약 당신이 천사를 정말로 믿고 그들을 즐겁게 하거나 존중하는 것을 즐거워한다면(아마도 그들이 당신을 위해 하는 모든 것에 대한 감사의 표시로) 낯선 사람들에게 환대를 향상시키는 것을 고려하라. 당신이 만난 낯선 사람 중에 천사가 있었는지 천국에 들어가서야 비로소 알 수 있을 것이다.

천국에서 믿는 사람들이 천사가 되는가?

성경에 의하면, 천사들은 창조된 부류의 존재이며 영적으로 진보된 인간으로 묘사되지 않는다. 다시 말해, 사람들은 천사로 진화하지 않는다. 천사들은 나이를 먹지 않으며, 날개를 얻으려고 애쓰며 시간을 보내지도 않는다. 그들은 모두 한순간 동시에 창조되었다. 그들의 전체 수는 태초에 창조되었고 그 이후로 그들의 수는 증가하지 않았다. 하나님의 천사들은 그들이 창조된 대로 영원히 존재한다.

손님 대접하기를 잊지 말라 이로써 부지중에 천사들을 대접한 이들이 있었느니라.

히브리서 13장 2절

　네가 말하기를 여호와는 나의 피난처시라 하고 지존자를 너의 거처로 삼았으므로 화가 네게 미치지 못하며 재앙이 네 장막에 가까이 오지 못하리니 그가 너를 위하여 그의 천사들을 명령하사 네 모든 길에서 너를 지키게 하심이라 그들이 그들의 손으로 너를 붙들어 발이 돌에 부딪히지 아니하게 하리로다.

시편 91편 9-12절

최후의
근본적인
변화

chapter 9

우리는 언제 새롭고 영화롭게 된
몸을 받는가?

성도들이 죽으면, 그들의 시신은 휴거해서 부활할 때까지 무덤으로 들어간다. 그 날에 그리스도께서는 공중에 오실 것이다. 나팔 소리가 날 것이며 그리스도 안에서 죽은 자들이 일어날 것이다. 부활의 과정에서, 마지막 나팔에, 성도들의 몸은 눈 깜짝할 사이에 그들의 영원한 하늘의 몸으로 변하게 될 것이다(고전 15장; 살전 4장).

그 날에 그리스도께서는 공중에 오실 것이다. 나팔 소리가 날 것이며 그리스도 안에서 죽은 자들이 일어날 것이다.

우리의 땅에 속한 몸이 파괴된다면 어떻게 되는가?

고린도전서 15장에서 바울은 "또 네가 뿌리는 것은 장래의 형체를 뿌리는 것이 아니요 다만 밀이나 다른 것의 알맹이뿐이로되 하나님이 그 뜻대로 그에게 형체를 주시되 각 종자에게 그 형체를 주시느니라"(37,38절)라고 말씀한다.

바울은 여기서 실례를 사용하고 있다. 옥수수 알맹이를 땅 속에 넣고 자라게 하면 땅에서 나오는 녹색 줄기는 알맹이가 아니라 알맹이를 나타내지만 원래 알맹이와는 같지 않다. 다시 말해서, 부활의 날에 무덤에서 나온 몸은 무덤에 들어간 몸과 다르다. 우리 몸이 부활하기 위해서 무덤에 있든지 아니면 불이나 다른 재앙으로 파괴되든 부패할 수 없는 몸으로 그 위대한 날에 공중에서 그리스도를 만나기 위해 부활할 것이다.

우리의 영화롭게 된 몸은 어떻게 생겼는가?
그저 떠다니는 영혼이 되는가?

우리가 미래의 몸에 대해서 모든 것을 상세하게 알지 못하지만, 성경은 우리의 몸이 부활하신 예수님의 몸을 닮을 것임을 나타낸다(빌 3:20,21; 고전 15:49).

십자가에 못 박히시고 장사 지낸 바 되었다가 부활하시고 승천하시기 전의 예수님은 그분의 몸이 허구나 허상이 아닌 진짜라고 말씀하셨다. 그분은 심지어 그분의 제자들에게 그분을 만져보게 하셨다. "내 손과 발을 보고 나인 줄 알라 또 나를 만져보라 영은 살과 뼈가 없으되 너희 보는 바와 같이 나는 있느니라"(눅 24:39).

우리가 천국에 도착하면, 우리는 영원히 떠다니는 몸이 없는 영혼이 되지 않을 것이다. 우리는 예수님이 무덤에서 부활하셨을 때 예수님의 몸처럼 실제 육체로 변형된 몸을 갖게 될 것이다.

우리는 예수님이 무덤에서 부활하셨을 때 예수님의 몸처럼 실제 육체로 변형된 몸을 갖게 될 것이다.

우리는 천국에서 신원을 확인할 수 있는가? 우리의 친구들과 사랑하는 사람들이 우리를 알 수 있는가?

우리는 그리스도께서 부활하신 후 세상에 다시 오셨을 때, 그분의 제자들이 알아볼 수 있었던 것과 같이, 우리는 천국에서도 알아볼 수 있을 것이다. 요한복음 21장 12절은 그 장면을 이렇게 설명한다. "예수께서 이르시되 와서 조반을 먹으라 하시니 제자들이 주님이신 줄 아는 고로 당신이 누구냐 감히 묻는 자가 없더라." 하지만 우리는 지구가 아니라 천국을 위해 설계된 새로운 몸을 갖게 될 것이다.

우리 모두가 천국에 가면 얼마나 기쁘겠는가! 우리 모두 예수님을 볼 때, 우리는 기뻐하며 승리를 외칠 것이다!

-엘리자 휴잇과 에밀리 윌슨-

최후의 근본적인 변화.

우리의 몸은 정말로 영원한가?
아니면 우리의 천국에 속한 몸은
결국 사라지는가?

우리의 현재의 몸은 땅에 묻혀 부패되지만, 우리의 부활의 몸은 썩지 않을 것이다. 고린도전서 15장 40-42절은 "하늘에 속한 형체도 있고 땅에 속한 형체도 있으나 하늘에 속한 것의 영광이 따로 있고 땅에 속한 것의 영광이 따로 있으니 해의 영광이 다르고 달의 영광이 다르며 별의 영광도 다른데 별과 별의 영광이 다르도다 죽은 자의 부활도 그와 같으니 썩을 것으로 심고 썩지 아니할 것으로 다시 살아나며"라고 말씀한다. 틀림이 없는 말씀이다. 우리의 몸은 영원히 지속될 것이다! 우리 몸은 변질될 수 없을 것이다. 우리의 몸은 결코 늙거나 지치지 않을 것이며 사고나 질병이나 노화의 대상이 되지 않을 것이다. 우리는 영원히 고통과 부패, 장애와 죽음으로부터 자유롭게 될 것이다.

우리는 고통과 부패, 장애와 죽음으로부터 영원히 자유롭게 될 것이다.

우리는 천국에서
우리의 죄의 본성과 싸우는가?

성경은 우리가 변화되어 부활의 몸이 무덤에서 나오면, 우리는 성령에 의해 전적으로 통제될 것이라고 말씀한다(고전 15:42-53). 선천적인 몸은 혼의 지배를 받지만, 영적인 몸은 완전히 변화되고 변모하여 더 이상 육체의 정욕의 지배를 받지 않고 성령의 통제를 받게 될 것이다. 이것은 우리가 주님을 기쁘게 하는 일들만 할 것이라는 것을 의미한다. 우리의 육신의 욕망은 주 하나님과 그분의 영광을 위해 우리가 가진 갈망으로 하찮은 것 같은 기분이 들게 될 것이다.

영적인 몸은 완전히 변화되고 변모하여 더 이상 육체의 정욕의 지배를 받지 않고 성령의 통제를 받게 될 것이다.

최후의 근본적인 변화.

우리는 천국에서 서로를 알 수 있을까! 우리는 우리의 주 예수님처럼 될 것이라고 들었다. 그분은 알지도 못하시고 사랑하시고 기억하시겠는가? 만일 그분이 그렇게 하신다면 그분은 정상적인 모습이 아닐 것이다. 그리고 우리는 우리가 그렇게 한다면 우리 역시도 정상적인 모습이 아닐 것이다.

-에이미 카미셸-

천국의
상급

chapter 10

성도들은 천국에서 어떤 상급을 받는가?

성경은 천국에서 받을 적어도 다섯 가지의 면류관을 분명히 열거하고 있다.

1. 첫 번째 면류관은 승리자의 면류관이다. 이 면류관은 자제력의 보답으로 수여될 것이다(고전 9:25-27).
2. 두 번째 면류관은 기쁨의 면류관으로, 다른 사람을 그리스도께로 인도한 사람들에게 주어질 것이다(살전 2:19).
3. 세 번째 면류관은 의의 면류관으로, 예수님의 재림을 고대하며 주 예수님을 간절히 바라는 사람들에게 주어질 것이다(딤후 4:8).
4. 네 번째 면류관은 생명의 면류관으로, 시련과 유혹과 박해를 심지어 순교 시점까지 견뎌온 사람들에게 주어진다(약 1:12; 계 2:10).

5. 다섯째 면류관은 영광의 면류관으로, 하나님의 백성의 충실한 목자들과 기독교 지도자들에게 수여된다(벧전 5:4).

이 상급들은 결코 천국에서 분배될 유일한 상을 의미하지 않는다. 그렇지만 무엇보다도 주님 자신이 우리의 가장 큰 상급이라는 것을 기억해야 한다. 어떤 면류관도 우리의 구세주이신 주님을 대면하는 영광과는 비교할 수 없다.

어떤 면류관도 우리의 구세주이신 주님을 대면하는 영광에 비교할 수 없다.

천국의 상급은 언제 배분되는가?
어떤 종류의 시상식이 있는가?

    성경은 어느 날 모든 성도들이 휴거로 땅에서 옮겨진 후, 각 성도들이 심판대(때로는 헬라어로 베:마<βῆμα>라고 하는데, 이것은 그리스의 대부분 도시에 있는 크고 화려한 장식으로 만들어진 연설하는 단을 말하는 것이었다. 이 단은 대개 시장의 중앙에 설치하였으며 어떤 내용을 공적으로 공포하거나 재판대로도 흔히 사용되었다. 또한 고린도 시의 권위 있는 육상 경기의 최후 우승자를 이곳에서 공포하였다-역주)에 앉으신 주 예수 그리스도 앞에 서야 한다고 말씀한다. 여기서 주님은 성도로서 우리의 행위와 일에 대해 심판하실 것이다.

"우리 각 사람(성도들)이 자기 일을 하나님 앞에 직고하리라"(롬 14:12).

"이는 우리가 다 반드시 그리스도의 심판대 앞에 나타나게 되어 각각 선·악 간에 그 몸으로 행한 것을 따라 받으려 함이라"(고후 5:10).

"각 사람의 공적이 나타날 터인데 그 날이 공적을 밝히리니 이는 불로 나타내고 그 불이 각 사람의 공적이 어떠한 것을 시험할 것임이라 만일 누구든지 그 위에 세운 공적이 그대로 있으면 상을 받고"(고전 3:13,14).

그 날에, 우리는 우리의 구원의 순간과 우리가 궁극적으로 하나님 앞에 서는 사이에 성도로서 행한 일에 대하여 보상을 받을 것이다.

천국의 최종 시험이
그리스도의 심판대 앞에서 있는가?

   그리스도께서 우리의 행위를 판단하시지만, 심판의 자리 앞에서 우리의 모습은 천국에 들어가기 위한 입시 시험이 아니다. 우리의 죗값은 갈보리 십자가에서 그리스도께서 완전히 지불하셨다. 따라서 인간의 어떤 행위도 우리를 그 영원한 인식처로 받아들일 자격이 되지 않는다. 그리스도의 심판대는 천국에 들어간 후에 우리가 그리스도인으로서 우리의 섬김에 대한 보상을 받는 곳이다.

우리가 천국에서 받을 수 있는 보상의 궁극적인 목표는 무엇인가?

우리가 천국에서 받을 수 있는 모든 보상과 함께, 이 질문은 남는다. 우리가 그 상을 어떻게 할 것인가?

보상을 받은 후, 우리는 예수님을 만날 것이다. 이에 대한 응답으로, 우리는 그분이 우리에게 주신 관을 가지고 그분의 발 아래로 엎드려 사랑의 선물로 그 상을 보좌 앞에 드리면서 다음과 같이 말할 것이다.

"우리 주 하나님이여 영광과 존귀와 권능을 받으시는 것이 합당하오니 주께서 만물을 지으신지라 만물이 주의 뜻대로 있었고 또 지으심을 받았나이다"(계 4:11).

그 영광스러운 순간에, 우리는 우리 자신 이외에 그분께 드릴 유일한 것을 드릴 수 있는 기회를 천국에서 갖게 될 것이다. 내 말을 믿어 달라-우리는 빈손이 되지 않을 것이다!

우리는 부분적으로 알고 부분적으로 예언하니 온전한 것이 올 때에는 부분적으로 하던 것이 폐하리라⋯우리가 지금은 거울로 보는 것같이 희미하나 그 때에는 얼굴과 얼굴을 대하여 볼 것이요 지금은 내가 부분적으로 아나 그 때에는 주께서 나를 아신 것같이 내가 온전히 알리라.

고린도전서 13장 9-12절

천국의
도성

chapter 11

천국과 새 예루살렘은 같은 곳인가?

  새 예루살렘은 셋째 하늘에 위치한 실제의 물리적 도성이다. 예수님은 요한계시록 3장 12절에서 새 예루살렘을 "나의 하나님의 성"이라고 부르셨다. 우리는 요한계시록 21장 2절에서 요한이 "또 내가 보매 거룩한 성 새 예루살렘이 하나님께로부터 하늘에서 내려오니 그 준비한 것이 신부가 남편을 위하여 단장한 것 같더라"고 한 말씀을 본다. 하나님이 셋째 하늘에 계신다는 것을 알기 때문에, 우리는 그분이 셋째 하늘에 이 도성을 준비하시고 계신다는 것을 가정할 수 있다. 이 도성은 결국 천국의 "수도"가 되고 그분의 자녀들의 최종 거주지가 될 것이다. 천 년 동안, 새 예루살렘은 땅을 맴돌 것이다-영원한 상태로, 땅에 있을 것이다. 그 도성은 누구도 본 적이 없는 가장 놀라운 성(城)일 것이다.

한 도성이 정말 지금까지 살아온 모든 성도들을 수용할 수 있는가?

천국의 도성은 처음부터 그리스도를 믿었던 모든 성도들에게 쉽게 거처를 제공할 수 있을 것이다. 그리고 이 천상의 도성은 어떻게 해서든지 밀치고 들어가지는 않을 것이다. 요한이 요한계시록 21장 16절에서 말한 것을 주목하라. "그 성은 네모가 반듯하여 길이와 너비가 같은지라 그 갈대 자로 그 성을 측량하니 만 이천 스다디온이요 길이와 너비와 높이가 같더라." 이것은 새 예루살렘이 넓이가 1,500마일, 길이가 1,500마일, 높이가 1,500마일-그 성은 1층만 200만 제곱 평방 마일이 넘는 거리다! 그리고 이 도시가 입체적이라는 것을 고려하면, 우리는 이 성이 한 단계 이상을 가질 것이라고 추정할 수 있다. 기억하라, 우리는 이곳의 웅장함을 짐작할 수 없다. 이 도성은 우리가 본 어떤 것과도 다를 것이며, 지금까지 살았던 모든 성도들을 수용할 수 있을 것이라는 데는 의심의 여지가 없다.

진주 문과 황금 거리와 같은 천국에 대한 묘사는 단지 신화에 불과한가?

진주로 만든 문, 귀한 돌의 기초, 황금 거리…우리는 모두 천국에 대한 이런 묘사를 들어봤지만, 그것은 언뜻 보기에는 환상처럼 들릴지도 모른다. 하지만 이 천상의 특징은 성경에서 나온 것이다. 요한계시록에서 요한은 우리에게 모든 위엄 가운데 있는 새 예루살렘을 엿볼 수 있게 해준다.

천국은 크고 높은 성곽이 있고 열두 문이 있는데 문에 열두 천사가 있고…그 성곽은 벽옥으로 쌓였고 그 성은 정금인데 맑은 유리 같더라…그 성곽의 기초석은 각색 보석으로 즉 벽옥 남보석 옥수 녹보석 홍마노 홍보석 황옥 녹옥 담황옥 비취옥 청옥 자수정으로 꾸며졌는데, 열두 문은 열두 진주이니 각 문마다 한 개의 진주로 되어 있고 성의 길은 맑은 유리 같은 정금이더라(계 21:12-21).

멀리서 그것을 바라보면서 천국의 도성으로 다가가는 상상을 할 수 있는가? 보석 위에 세워진 웅장한 도성, 각각의 문은 찬란하고 정교하게 만들어졌으며, 거리는 가장 순수한 순금과 하나님의 보좌에서 나오는 장엄한 빛이 쏟아 부어져 있다. 이것은 성경에 묘사된 새 예루살렘이다.

그리고 어느 날, 우리는 이 거룩한 도시에 놀라서 눈이 휘둥그레져 들어가게 될 것이다. 세상에서 가장 아름다운 곳조차도 우리의 믿음을 그분께 두는 우리의 거처를 위해 하나님이 계획하신 것에 비교되지 않기 때문이다.

생명의 나무와 생명의 강은 무엇인가?

시편 46편 4절을 기억하는가? "한 시내가 나뉘어 흘러 하나님의 성 곧 지존하신 이의 성소를 기쁘게 하도다." 당연히 천상의 성에는 정말 "하나님의 보좌로부터 나온 수정같이 맑은 생명수의 강"(계 22:1)이 있다. 이 강가에는 생명의 나무가 열두 그루 있다. "열매를 맺되 달마다 그 열매를 맺고" 그리고 그 나무의 잎은 "만국을 치료하기 위하여 있더라"(계 22:2).

그리스어로 "떼라페리아-τηεραπεια"라는 단어는 우리가 "치료"라는 용어로 사용하는 "therapeutic-써러퓨틱"과 같은 단어이다. 따라서 생명 나무에서 먹는 것은 우리의 거룩함을 향상시키지는 못할 것이다. 왜냐하면 우리는 완벽하게 거룩해질 것이기 때문이다. 그러나 그 나무는 우리에게 우리가 하나님의 앞에 있다는 더 큰 성취감과 즐거움과 기쁨을 주는 치료 효과가 있을 것이다.

천국의 광원(光源)은 무엇인가?
천국은 행성과 마찬가지로
태양 주위를 돌고 있는가?

요한계시록 21장 23절에 "그 성은 해나 달의 비췸이 쓸데가 없으니 이는 하나님의 영광이 비치고 어린양이 그 등불이 되심이라"는 말씀이 기록되어 있다. 새 예루살렘에는 가로등도, 손전등도, 등불도 없지만 빛이 어린양이신 주 예수님이 앉아 계시는 하나님의 보좌에서 흘러나온다. 그분이 빛이 될 것이며, 다른 어떤 광원도 필요하지 않을 것이다. 영광 중에 계시는 주 예수님의 빛이 성을 광채로 가득 채울 것이기 때문이다. 이 얼마나 눈부신 모습인가!

주 예수님이 빛이 될 것이며, 다른 어떤 광원도 필요하지 않을 것이다.

천국의
예배

chapter 12

천국을 얼핏 본 사람이 있는가?

성경은 요한이 천국의 환상을 보았다고 말씀한다. 그는 문이 열리는 것을 보았고, 정문으로 천국 자체를 들여다보았다(계 4:1,2). 하나님이 요한에게 천국에서의 아름다움, 광채, 예배를 엿볼 수 있게 해주셨을 때, 요한은 이 땅에서의 그의 삶에 대해 새로운 관점을 얻었다. 그의 밧모섬에서의 유배 생활은 힘들었지만, 하나님이 우리를 위해 마련해 주신 집, 즉 우리의 임시 거처만큼이나 현실적이지만 설명할 수 없을 만큼 영광스럽고 영원히 지속될 집이라는 관점을 보였다.

하나님이 우리를 위해 마련해 주신 집, 즉 우리의 임시 거처만큼이나 현실적이지만 설명할 수 없을 만큼 영광스럽고 영원히 지속될 집이라는 관점을 보였다.

기도는 천국에서 우리 삶의 필수적인 부분인가?

성경은 우리가 영원토록 찬양과 예배를 드리게 될 것이라고 말씀한다. 우리가 알고 있듯이 천국에는 기도가 없다. 우리는 전능하신 하나님 앞에서 살고, 우리를 위한 모든 선한 소망의 빛 속에서 살며, 주님과 개인적인 교제를 즐기게 될 것이다. 이것을 염두에 둘 때, 우리는 천국에서 기도할 필요가 없다는 것을 알 수 있다.

사랑은 언제까지나 떨어지지 아니하되 예언도 폐하고 방언도 그치고 지식도 폐하리라 우리는 부분적으로 알고 부분적으로 예언하니 온전한 것이 올 때에는 부분적으로 하던 것이 폐하리라.

고린도전서 13장 8-10절

천국에서 드리는 예배는 어떠한가?

요한에게 천상의 예배를 볼 수 있는 권한이 허용되었다. 그리고 요한계시록 4장에 그는 그 예배 의식의 장엄함에 대해 기록했다.

"또 보좌에 둘려 이십사 보좌들이 있고 그 보좌들 위에 이십사 장로들이 흰 옷을 입고 머리에 금관을 쓰고 앉았더라."(4절)

"보좌 앞에 수정과 같은 유리 바다가 있고 보좌 가운데와 보좌 주위에 네 생물이 있는데 앞뒤에 눈들이 가득하더라."(6절)

"네 생물은 각각 여섯 날개를 가졌고 그 안과 주위에는 눈들이 가득하더라 그들이 밤낮 쉬지 않고 이르기를 거룩하다 거룩하다 거룩하다 주 하나님 곧 전능하신 이여 전에도 계셨고 이제도 계시고 장차 오실 이시라 하고 그 생물들이 보좌에 앉으사 세세토록 살아 계시는 이에게 영광과 존귀와 감사를 돌릴 때에 이십 사 장로들이 보좌에 앉으신 이 앞에 엎드려 세세토록 살아 계시는 이에게 경배하고 자기의 관을 보좌 앞에 드리며 이르되 우리 주 하나님이여 영광과 존귀와 권능을 받으시는 것이 합당하오니 주께서 만물을 지으신지라 만물이 주의 뜻대로 있었고 또 지으심을 받았나이다 하라."(8-11절)

아, 요한이 이 구절에서 우리에게 묘사한 모든 것을 보고 들을 수 있다면 얼마나 좋을까. 언젠가 우리는 하나님의 보좌 앞에서 주님께 존경과 영광을 돌려드리는 그 위대한 모임의 일원이 될 것이다.

우리 주 하나님이여 영광과 존귀와 권능을 받으시는 것이 합당하오니 주께서 만물을 지으신지라 만물이 주의 뜻대로 있었고 또 지으심을 받았나이다 하더라.

요한계시록 4장 11절

천국에 교회가 있는가?

요한은 요한계시록 21장 3절에서 "내가 들으니 하늘에서 큰 음성이 나서 이르되 보라 하나님의 장막이 사람들과 함께 있으매 하나님이 저들과 함께 거하시리니 저희는 하나님의 백성이 되고 하나님은 친히 저희와 함께 계셔서 저희의 하나님이 되시리라"(21:3, KJV)고 말씀한다. 거룩한 성에 대해서 말씀할 때, 요한은 계속해서 "성 안에서 내가 성전을 보지 못하였으니 이는 주 하나님 곧 전능하신 이와 및 어린 양이 그 성전이심이라…그들이 하나님의 얼굴을 볼 터이요 그의 이름이 그들의 이마에 있으리라"고 말씀한다(요 21:22; 22:4).

그것은 흥미롭고 헤아리기 어려운 이상한 일이지만, 천국에서는 설교나 교회 건물이나 성소가 필요하지는 않을 것이다. 성경은 주님이 우리를 아신 것같이 우리도 주님을 알 것이라고 말씀한다(고전 13:12). 우리는 하나님의 일을 완전히 이해할 것이다. 솔직히 말해서, 그것이 천국을 현실로 만드는 것이다. 그것은 황금의 거리나 진주 문이나 천사들의 거리가 아니다. 천국은 천국이다. 왜냐하면 아버지 하나님이 거기에 계시며 예수 그리스도가 거기에 계시기 때문이다. 마침내 모든 장벽이 제거될 것이고, 우리는 이 세상에서 우리가 이해할 수 없는 방식으로 하나님을 알 수 있을 것이다.

천국은 천국이다. 왜냐하면 아버지 하나님이 거기에 계시며 예수 그리스도께서 거기에 계시기 때문이다.

천국에서 영원토록 예배드리며 지낼 것인데
왜 지금 예배를 드리는가?

예배는 우리에 관한 것이 아니다. 그것은 하나님에 관한 것이다. 예배의 주된 목적 중 하나는 우리의 마음을 이 땅의 것에서 하늘의 것으로 옮기는 것이다. 그것은 우리가 골로새서 3장 1-3절에서 "그러므로 너희가 그리스도와 함께 다시 살리심을 받았으면 위의 것을 찾으라 거기는 그리스도께서 하나님 우편에 앉아 계시느니라 위의 것을 생각하고 땅의 것을 생각하지 말라 이는 너희가 죽었고 너희 생명이 그리스도와 함께 하나님 안에 감추어졌음이라."

우리의 마음을 위의 것에 두어야 한다는 말씀을 읽는 이유이다.

예배는 우리를 이 세상의 공허함에서 다음 세상의 충만함으로 이끄는 모험이다. 예배는 부패와 낙담에서 회복과 영광으로 이어지는 통로이다. 그리고 우리가 예배에 실패하면, 우리는 이생의 삶의 절망에 자신을 가두게 된다.

어떤 사람들은 예배에 대해 무관심하다. 하지만 나는 예배가 바로 존재의 핵심이라고 믿는다. 우리는 하나님께 예배를 드리기 위해 창조되었다-우리만이 아니라 그리스도의 몸(교회-역주)과 함께. 그리고 어느 날 우리는 천국에서 함께 주님을 찬양할 때 거대한 예배 체험에 참여하게 될 것이다. 예행연습을 시작하자. 왜냐하면 우리가 준비할 시간이 얼마나 남았는지 보장할 수 없기 때문이다-그것은 내일이 될 수도 있다!

우리는 하나님께 예배를 드리기 위해 창조되었다. 어느 날 우리는 천국에서 함께 주님을 찬양할 때 거대한 예배 체험에 참여하게 될 것이다.

(예배란) 하나님의 거룩함으로 양심을 소생시키고, 하나님의 진리로 마음을 충족시키고, 하나님의 아름다움으로 상상력을 몰아내고, 하나님의 사랑에 마음을 열고, 하나님의 목적에 그 뜻을 바치는 것이다.

-윌리엄 템플-

이 땅의
천년왕국은
무엇인가?

chapter 13

천년왕국은 언제 일어나는가?

지금, 그 천년의 시기를 어떻게 믿는지 그것은 당장 중요하게 보이지 않을지도 모른다. 그러나 천 년의 시기를 어떻게 해석하느냐에 따라서 성경의 다른 구절과 사건들에 대한 해석에 영향을 미친다.

교회 역사는 세 가지 경쟁적인 견해의 등장을 보았다.

후천년설

이것은 주님의 두 번째 재림이 천년왕국 후일 것이라는 견해이다. 더 많은 사람들이 회개함에 따라 세상은 점차 그리스도를 위해 정복될 것이다. 그 때에, 하나님의 공의가 온 땅에 널리 퍼질 것이며, 예수님은 그분의 교회가 그분을 위해서 얻은 보좌를 차지하시기 위해 다시 오실 것이다.

무천년설

이것은 문자 그대로 천 년이 없다는 견해다. 다시 말하면, 요한계시록 20장에 있는 사건들은 지금 일어나고 있고, 교회는 그리스도와 함께 다스리고 있다는 것이다. 이러한 견해는 종종 요한계시록의 우화 해석에서 비롯된다.

전천년설

이것은 세 가지 견해 중 가장 오래된 것이며 내가 정확하다고 믿는 견해이다. 이것은 성경의 문자 그대로의 해석에 근거하고 있으며 재림이 천 년보다 먼저 올 것이라는 것을 가르친다. 이것은 휴거후 그리고 7년 환난 후 천 년 왕국이 위치한다고 본다.

천년왕국이란 용어가 성경 어디에 있는가?

우리가 이 문제를 다루기 전에, 우리는 용어 자체를 이해해야만 한다.

밀레니엄은 라틴어로 "천"을 뜻하는 밀(mille)과 "년"을 의미하는 레니엄(annum)으로 구성된 합성어다. 따라서 밀레니엄은 "천 년"을 의미한다.

성경에서 실제 천년이란 구절이 나타나는 곳은 요한계시록 20장뿐이다. 이 구절은 본문에서 6번씩 다르게 나타난다.

"그가 용을 잡으니 곧 옛 뱀이요 마귀요 사탄이라 잡아서 천 년 동안 결박하였다."(2절)

"…천 년이 차도록 다시는 만국을 미혹하지 못하게 하였다…"(3절)

"…그들이 살아서 그리스도와 더불어 천 년 동안 왕 노릇 하였다."(4절)

"그 나머지 죽은 자들은 그 천 년이 차기까지 살지 못하였다."(5절)

"…둘째 사망이 그들을 다스리는 권세가 없고 도리어 그들이 하나님과 그리스도의 제사장이 되어 천 년 동안 그리스도와 더불어 왕 노릇 할 것이다."(6절)

"천 년이 차매 사탄이 그 옥에서 놓일 것이다."(7절)

천년왕국 동안 삶은 어떻게 되는가?

천 년 동안 전쟁이 없을 것이다. 그것은 이전에 알려지지 않았던 기쁨, 순수함, 평화, 번영의 때가 될 것이다(사 2:2-4). 죄는 저지되고 불순종은 처리될 것이다. 그리스도의 왕국은 거룩한 나라가 될 것이다. 그리고 우리는 천 년 동안 우리의 왕이신 예수님과 함께 세상을 다스리고 통치하면서 보내게 될 것이다(계 5:9,10).

천 년 동안 이전에 알려지지 않았던 기쁨, 순수함, 평화, 번영의 때가 될 것이다.

천년왕국의 목적은 무엇인가?

문자 그대로 천년왕국이 일어나야 하는 몇 가지 이유가 있다.

하나님의 백성들의 보상을 위해서

이것은 성경에 흩어진 수많은 약속이다. 구약의 증언과 신약의 증언은 둘 다, 하나님의 사람들에게 그들의 충실한 봉사에 대한 보상을 받는다는 것을 보장한다(예들 들면, 마 16:27; 마 25:34; 계 22:12). 우리의 하늘의 보상의 일부는 그리스도와 함께 천 년 동안 이 땅을 다스리고 통치하는 것이다. 우리 각자는 지금 당장 주님을 섬기는 우리의 충성에 근거하여 주님을 섬길 기회를 갖게 될 것이다.

제자들의 기도에 대한 응답을 받기 위해서

어느 날 예수님이 다시 오시면 그분의 나라가 임할 것이며 그분의 뜻이 이 땅에서 이루어 질 것이다.

인간의 타락과 그리스도의 죽으심의 필요성을 다시 강조하기 위해

천 년 동안, 고난에서 살아남은 충실한 종들은 인간의 죄악이 있는 아이들을 낳을 것이다. 왜냐하면 타락한 인간 본성은 천 년이 끝나고 영원이 시작될 때까지 사라지지 않을 것이기 때문이다. 천 년이 끝날 무렵 사탄이 석방 될 것이고, 그는 에덴동산에서 했던 것처럼 최후의 반역을 일으켜 하나님을 대적할 것이다(계 20:1-3,7,8). 그것은 옳다. 그리스도께서 천 년 동안 땅을 통치하시고 다스리시더라도, 일부는 여전히 속아 넘어갈 것이다. 이것은 인간이 얼마나 철저하게 구세주가 필요한지를 보여준다. 인간은 하나님을 제외하고는 결코 의를 성취할 수 없다.

인간은 하나님을 제외하고는 결코 의를 성취할 수 없다.

천년왕국이 끝나면 어떻게 되는가?

천 년이 지나면 두 가지 일이 일어날 것이다. 요한계시록 20장은 사탄이 짧은 반란을 목적으로 풀려난 후, 불과 유황 못에 던져질 것이며, 그곳에서 영원히 살게 될 것이라고 말씀한다(계 20:7, 10).

큰 흰 보좌 심판이 또한 천년왕국이 끝날 때 일어날 것이다. 그러나 성도들은 이 심판에 참석하지 않을 것이다. 왜냐하면 이 심판의 목적은 누가 구원을 잃어 버렸고 구원을 받았는지를 결정하는 것이 아니기 때문이다. 오히려, 역사를 통틀어 그리스도를 배척한 사람들은 모두 그들의 행위에 따라 심판받을 것이다. 그리고 그 날, 생명책에 이름이 나타나지 않는 사람들은 불의 호수에 던져질 것이다(계 20:11-15).

그리스도를 배척한 사람들은 모두 그들의 행위에 따라 심판받을 것이다.

새 하늘과
새 땅

chapter 14

새 하늘과 새 땅은 언제 창조되는가?

새 하늘과 새 땅은 휴거, 고난, 아마겟돈 전쟁, 천년왕국 그리고 큰 흰 보좌 심판이 모두 일어날 때까지 나타나지 않을 것이다. 이런 사건들이 일어나면 전능하신 하나님은 새 하늘과 새 땅을 창조하실 것이다. 여기 그 환상에 대한 요한의 설명이 있다.

"또 내가 새 하늘과 새 땅을 보니 처음 하늘과 처음 땅이 없어졌고 바다도 다시 있지 않더라 또 내가 보매 거룩한 성 새 예루살렘이 하나님께로부터 하늘에서 내려오니 그 준비한 것이 신부가 남편을 위하여 단장한 것 같더라 내가 들으니 보좌에서 큰 음성이 나서 이르되 보라 하나님의 장막이 사람들과 함께 있으매 하나님이 그들과 함께 계시리니 그들은 하나님의 백성이 되고 하나님은 친히 그들과 함께 계셔서"(계 21:1-3, NIV).

전능하신 하나님은 새 하늘과 새 땅을 창조하실 것이다.

새 땅은 오늘날 우리가 살고 있는 땅과 같은가?

베드로후서 3장에서 우리는 "하늘이 큰 소리로 떠나가고 만물의 체질이 뜨거운 불에 풀어지고 땅과 그 중에 있는 모든 것이 불타 없어지리라"(10절, KJV)라고 기록하고 있다. 그러나 "불에 탄"은 초기 그리스 원본에는 그렇게 나타나지 않는다. 본문의 원어는 노출을 위해 공개하거나 열려있는 의도를 전달한다.

다시 말해, 베드로는 땅을 파괴하는 것에 대해 이야기하고 있는 것이 아니다. 그는 천년왕국이 끝날 무렵, 하나님이 영원한 국가를 준비하시고 있기 때문에, 땅을 새롭게 하실 것이라고 말하고 있는 것이다. 하나님은 부패, 불복종, 질병의 모든 증거를 없애실 것이다.

하지만 그분은 우리가 현재 살고 있는 세상을 전멸시키지 않으실 것이다. 그분은 오래된 부패로부터 정화시키실 것이다. 이 세상에서 삶을 힘들게 하는 바로 그것들 – 슬픔, 고통, 죽음 – 은 성도로서 우리가 아직 집에 있지 않다는 것을 상기시켜주는 역할을 해야 한다. 그리스도께서는 그분의 백성들이 영원히 그분과 함께 거하게 될 집을 준비하고 계신다(요 14:2,3).

이 세상에서 삶을 힘들게 하는 바로 그것들 – 슬픔, 고통, 죽음은 성도로서 우리가 아직 집에 있지 않다는 것을 상기시켜주는 역할을 해야 한다.

새 하늘과 새 땅은 바다가 있는가?

　현재 지구의 4분의 3이 바닷물로 덮여 있다. 그러나 사도 요한은 우리에게 새 땅에서는 바다가 없어질 것이라고 말씀한다(계 21:1). 새 하늘과 새 땅의 생태계는 우리가 오늘날 살고 있는 지구의 생태계와 완전히 다를 것이다. 소금은 방부제이고, 부패가 없을 것이기 때문에 소금물은 필요하지 않을 것이다. 그러나 새 하늘에는, 즉 생명의 강, 곧 하나님의 보좌에서 흘러나오는 맑은 물이 있을 것이며, 그 강물은 영원토록 새 땅 위에 있을 것이다.

죄의 저주가 영원히 사라지는가?

아담의 죄 때문에 모든 피조물들에게 저주가 임했다. "아담에게 이르시되 네가 네 아내의 말을 듣고 내가 네게 먹지 말라 한 나무의 열매를 먹었은즉 땅은 너로 말미암아 저주를 받고 너는 네 평생에 수고하여야 그 소산을 먹으리라 땅이 네게 가시덤불과 엉겅퀴를 낼 것이라 네가 먹을 것은 밭의 채소인즉 네가 흙으로 돌아갈 때까지 얼굴에 땀을 흘려야 먹을 것을 먹으리니 네가 그것에서 취함을 입었음이라 너는 흙이니 흙으로 돌아갈 것이니라 하시니라"(창 3:17-19). 그러나 새 땅에는 더 이상 저주도 없고 더 이상 죄도 없을 것이다! 영원한 상태에 대해서 요한계시록 22장 3절은 "다시는 저주가 없으며 하나님과 어린 양의 보좌가 성 가운데에 있어서 그분의 종들이 그분을 섬길 것이다"(KJV)라고 말씀한다.

새 땅에는 더 이상 저주도 없고 더 이상 죄도 없을 것이다!

내가 들으니 보좌에서 큰 음성이 나서 이르되 보라 하나님의 장막이 사람들과 함께 있으매 하나님이 그들과 함께 계시리니 그들은 하나님의 백성이 되고 하나님은 친히 그들과 함께 계셔서 모든 눈물을 그 눈에서 닦아주시니 다시는 사망이 없고 슬픔이나 애통하는 것이나 곡하는 것이나 아픈 것이 다시 있지 아니하리니 이는 처음 것들이 다 지나갔음이러라.

요한계시록 21장 3,4절

천국에
대한
확고한
생각

chapter 15

오늘 나는 영원에 비추어
어떻게 살아야 하는가?

우리가 천국에 대해 생각하는 것은 오늘날 우리가 어떻게 살아야 하는지를 결정한다. 우리가 하나님의 일과 그분의 뜻을 끊임없이 추구하지 않는다면 우리는 하나님의 목적에서 쉽게 벗어날 수밖에 없다(벧후 3:17). 성실하지 않으면, 우리는 무관심과 불경건함으로 냉담한 삶에 빠져들 수 있으며, 이것은 하나님이나 우리의 개인적인 삶에 어떠한 기쁨도 가져다주지 못한다.

씨 에스 루이스(C. S. Lewis)는 이렇게 말한 적이 있다. "역사를 읽으면 현 세상을 위해 가장 많이 일했던 그리스도인들이 단지 다음 세상을 가장 많이 생각했던 사람들이라는 것을 알게 될 것이다."

어떻게 하면 현세에서 그리스도를 위해 효과적일 수 있을까? 우리는 우리의 삶이 우리가 창조된 목적과 일치하는지 확인해야 한다. 우리는 말씀, 기도, 순결을 통해 하나님의 의를 추구하고 그분의 뜻을 추구하기 위해 부지런해야 한다. 그것이 영원의 빛-우리의 위대하신 하나님 곧 우리 구주 예수 그리스도께 대한 복스러운 소망과 그분의 영광스러운 나타나심(딛 2:13, KJV)의 빛에 비추어 사는 길이다.

우리는 우리의 삶이 우리가 창조된 목적과 일치하는지 확인해야 한다.

모든 사람에게 구원을 주시는 하나님의 은혜가 나타나 우리를 가르치시되 불경건한 것과 세상의 정욕을 다 버리고 신중함과 의로움과 경건함으로 이 세상을 살게 하시고 위대하신 하나님 곧 구주 예수 그리스도에 대한 복스러운 소망과 그분의 영광스런 강림을 기다리게 하셨음이라

　　　　　　　　　　　　　　　　디도서 2장 11-13절, KJV

성경 참조 가이드

chapter 16

천국에 관한 성경 참조 가이드

한 시내가 있어 나뉘어 흘러 하나님의 성 곧 지존하신 이의 성소를 기쁘게 하도다.
-시편 46편 4절

인자가 아버지의 영광으로 그 천사들과 함께 오리니 그 때에 각 사람이 행한 대로 갚으리라.
-마태복음 16장 27절

이르시되 진실로 너희에게 이르노니 너희가 돌이켜 어린 아이들과 같이 되지 아니하면 결단코 천국에 들어가지 못하리라 그러므로 누구든지 이 어린 아이와 같이 자기를 낮추는 사람이 천국에서 큰 자니라.
- 마태복음 18장 3, 4절

그 주인이 이르되 잘 하였도다 착하고 충성된 종아 네가 적은 일에 충성하였으매 내가 많은 것을 네게 맡기리니 네 주인의 즐거움에 참여할지어다.
-마태복음 25장 21절

그 때에 임금이 그 오른편에 있는 자들에게 이르시되 내 아버지께 복
받을 자들이여 나아와 창세로부터 너희를 위하여 예비 된 나라를 상
속받으라.   -마태복음 25장 34절

내 아버지 집에 거할 곳이 많도다 그렇지 않으면 너희에게 일렀으리
라 내가 너희를 위하여 거처를 예비하러 가노니 가서 너희를 위하여
거처를 예비하면 내가 다시 와서 너희를 내게로 영접하여 나 있는 곳
에 너희도 있게 하리라.   -요한복음 14장 2, 3절

이러므로 우리 각 사람이 자기 일을 하나님께 직고하리라.
                                                      -로마서 14장 12절

각 사람의 공적이 나타날 터인데 그 날이 공적을 밝히리니 이는 불로 나타내고 그 불이 각 사람의 공적이 어떠한 것을 시험할 것임이라 만일 누구든지 그 위에 세운 공적이 그대로 있으면 상을 받을 것이다.

-고린도전서 3장 13, 14절

보라 내가 너희에게 비밀을 말하노니 우리가 다 잠 잘 것이 아니요 마지막 나팔에 순식간에 홀연히 다 변화되리니 나팔 소리가 나매 죽은 자들이 썩지 아니할 것으로 다시 살아나고 우리도 변화되리라.

-고린도전서 15장 51, 52절

이는 우리가 다 반드시 그리스도의 심판대 앞에 나타나게 되어 각각 선악 간에 그 몸으로 행한 것을 따라 받으려 함이라.

-고린도후서 5장 10절

내리셨던 그가 곧 모든 하늘 위에 오르신 자니 이는 만물을 충만하게 하려 하심이라.

-에베소서 4장 10절

그러나 우리의 시민권은 하늘에 있는지라 거기로부터 구원하는 자 곧 주 예수 그리스도를 기다리노니 그는 만물을 자기에게 복종하게 하실 수 있는 자의 역사로 우리의 낮은 몸을 자기 영광의 몸의 형체 와 같이 변하게 하시리라.　　　　　　-빌립보서 3장 20, 21절

그러므로 너희가 그리스도와 함께 다시 살리심을 받았으면 위의 것 을 찾으라 거기는 그리스도께서 하나님 우편에 앉아 계시느니라.

-골로새서 3장 1절

우리가 예수께서 죽으셨다가 다시 살아나심을 믿을진대 이와 같이 예수 안에서 자는 자들도 하나님이 그와 함께 데리고 오시리라 우리 가 주의 말씀으로 너희에게 이것을 말하노니 주께서 강림하실 때까 지 우리 살아남아 있는 자도 자는 자보다 결코 앞서지 못하리라.

-데살로니가전서 4장 14-16절

이제 후로는 나를 위하여 의의 면류관이 예비되었으므로 주 곧 의로 우신 재판장이 그날에 내게 주실 것이며·내게만 아니라 주의 나타나 심을 사모하는 모든 자에게도니라.　　　　-디모데후서 4장 8절

한 번 죽는 것은 사람에게 정해진 것이요 그 후에는 심판이 있으리니 이와 같이 그리스도도 많은 사람의 죄를 담당하시려고 단번에 드리신바 되셨고 구원에 이르게 하기 위하여 죄와 상관없이 자기를 바라는 자들에게 두 번째 나타나시리라. -히브리서 9장 27, 28절

시험을 참는 자는 복이 있나니 이는 시련을 견디어 낸 자가 주께서 자기를 사랑하는 자들에게 약속하신 생명의 면류관을 얻을 것이기 때문이라. -야고보서 1장 12절

그리하면 목자장이 나타나실 때에 시들지 아니하는 영광의 관을 얻으리라. - 베드로전서 5장 4절

그러나 주의 날이 밤의 도둑같이 임하리니 그 날에는 하늘이 큰 소리로 떠나가고 만물의 체질이 뜨거운 불에 풀어지고 땅과 그 가운데 있는 모든 것이 불타 없어지리라(KJV). -베드로후서 3장 10절

너는 장차 받을 고난을 두려워하지 말라 볼지어다 마귀가 장차 너희 가운데에서 몇 사람을 옥에 던져 시험을 받게 하리니 너희가 십 일 동안 환난을 받으리라 네가 죽도록 충성하라 그리하면 내가 생명의 관을 네게 주리라. -요한계시록 2장 10절

그 생물들이 보좌에 앉으사 세세토록 살아 계시는 이에게 영광과 존귀와 감사를 돌릴 때에 이십사 장로들이 보좌에 앉으신 이 앞에 엎드려 세세토록 살아 계시는 이에게 경배하고 자기의 관을 보좌 앞에 드리며 이르되 우리 주 하나님이여 영광과 존귀와 권능을 받으시는 것이 합당하오니 주께서 만물을 지으신지라 만물이 주의 뜻대로 있었고 또 지으심을 받았나이다 하더라.　　　　-요한계시록 4장 9-11절

이 첫째 부활에 참여하는 자들은 복이 있고 거룩하도다 둘째 사망이 그들을 다스리는 권세가 없고 도리어 그들이 하나님과 그리스도의 제사장이 되어 천 년 동안 그리스도와 더불어 왕 노릇 하리라.

-요한계시록 20장 6절

또 내가 크고 흰 보좌와 그 위에 앉으신 이를 보니 땅과 하늘이 그 앞에서 피하여 간 데 없더라 또 내가 보니 죽은 자들이 큰 자나 작은 자나 그 보좌 앞에 서 있는데 책들이 펴 있고 또 다른 책이 펴졌으니 곧 생명책이라 죽은 자들이 자기 행위를 따라 책들에 기록된 대로 심판을 받으니라.　　　　-요한계시록 20장 11, 12절

누구든지 생명책에 기록되지 못한 자는 불 못에 던져지더라.

-요한계시록 20장 15절

또 내가 새 하늘과 새 땅을 보니 처음 하늘과 처음 땅이 없어졌고 바다도 다시 있지 않더라.　　　　　　　　　　-요한계시록 21장 1절

또 거룩한 도성 곧 새 예루살렘이 하나님께로부터 하늘에서 내려오는데 그 예비 된 것이 신부가 그 남편을 위해 단장한 것 같더라 내가 들으니 하늘에서 큰 음성이 나서 이르되 보라 하나님의 장막이 사람들과 함께 있으매 그가 저희와 함께 거하시리니 저희는 그의 백성이 되고 하나님은 친히 저희와 함께 계셔서 저희의 하나님이 되시리라 (KJV).　　　　　　　　　　-요한계시록 21장 2, 3절

모든 눈물을 그 눈에서 닦아 주시니 다시는 사망이 없고 애통하는 것이나 곡하는 것이나 아픈 것이 다시 있지 아니하리니 처음 것들이 다 지나갔음이러라.　　　　　　　　　　-요한계시록 21장 4절

그 성은 네모가 반듯하여 길이와 너비가 같은지라 그 갈대 자로 그 성을 측량하니 만 이천 스다디온이요 길이와 너비와 높이가 같더라.　　　　　　　　　　-요한계시록 21장 16절

성 안에서 내가 성전을 보지 못하였으니 이는 주 하나님 곧 전능하신 이와 및 어린 양이 그 성전이심이라 그 성은 해나 달의 비침이 쓸 데 없으니 이는 하나님의 영광이 비치고 어린 양이 그 등불이 되심이라.

-요한계시록 21장 22, 23절

무엇이든지 속된 것이나 가증한 일 또는 거짓말하는 자는 결코 그리로 들어가지 못하되 오직 어린 양의 생명책에 기록된 자들만 들어가리라.

-요한계시록 21장 27절

또 그가 수정같이 맑은 생명수의 강을 내게 보이니 하나님과 및 어린 양의 보좌로부터 나와서 길 가운데로 흐르더라 강 좌우에 생명 나무가 있어 열두 가지 열매를 맺되 달마다 그 열매를 맺고 그 나무 잎사귀들은 만국을 치료하기 위하여 있더라.

-요한계시록 22장 1, 2절

다시 저주가 없으며 하나님과 그 어린 양의 보좌가 그 가운데에 있으리니 그의 종들이 그를 섬기며 그의 얼굴을 볼 터이요 그의 이름도 그들의 이마에 있으리라.

-요한계시록 22장 3, 4절

보라 내가 속히 오리니 내가 줄 상이 내게 있어 각 사람에게 그가 행한 대로 갚아 주리라.

-요한계시록 22장 12절

천사에 관한 성경 참조 가이드

미가야가 이르되 그런즉 왕은 여호와의 말씀을 들으소서 내가 보니 여호와께서 그의 보좌에 앉으셨고 하늘의 만군이 그의 좌우편에 모시고 서 있는 것을 보았나이다. -열왕기상 22장 19절

그가 네 모든 길에서 너를 지키도록 그분의 천사들에게 명령하실 것이다(NIV). -시편 91편 11절

능력이 있어 여호와의 말씀을 행하며 그의 말씀의 소리를 듣는 여호와의 천사들이여 여호와를 송축하라 그에게 수종들며 그의 뜻을 행하는 모든 천군이여 여호와를 송축하라. -시편 103편 20, 21절

그 때에 내가 눈을 들어 바라본즉 한 사람이 세마포 옷을 입었고 허리에는 우바스 순금 띠를 띠었더라 또 그의 몸은 황옥 같고 그의 얼굴은 번갯빛 같고 그의 눈은 횃불 같고 그의 팔과 발은 빛난 놋과 같고 그의 말소리는 무리의 소리와 같더라. -다니엘 10장 5,6절

삼가 이 작은 자 중의 하나도 업신여기지 말라 너희에게 말하노니 그들의 천사들이 하늘에서 하늘에 계신 내 아버지의 얼굴을 항상 뵈옵느니라.　　　　　　　　　　　　　　　　　　　　　　-마태복음 18장 10절

부활 때에는 장가도 아니 가고 시집도 아니 가고 하늘에 있는 천사들과 같으니라.　　　　　　　　　　　　　　　　　　　-마태복음 22장 30절

내가 너희에게 이르노니 이와 같이 죄인 한 사람이 회개하면 하나님의 천사들 앞에 기쁨이 되느니라(KJV).　　　　　　　-누가복음 15장 10절

이에 그 거지가 죽어 천사들에게 받들려 아브라함의 품에 들어가고 부자도 죽어 장사되었느니라.　　　　　　　　　　-누가복음 16장 22절

세상과 및 죽은 자 가운데서 부활함을 얻기에 합당히 여김을 받은 자들은 장가가고 시집가는 일이 없으며 그들은 다시 죽을 수도 없나니 이는 천사와 동등이요 부활의 자녀로서 하나님의 자녀임이라.
　　　　　　　　　　　　　　　　　　　-누가복음 20장 35, 36절

또 이르시되 진실로 진실로너희에게 이르노니 하늘이 열리고 하나님의 사자들이 인자 위에 오르락내리락 하는 것을 보리라 하시니라.

-요한복음 1장 51절

또 천사들에 관하여는 그의 천사들을 영들로 그의 사역자들을 화염으로 삼으신다고 말씀하셨느니라(KJV).

-히브리서 1장 7절

어느 때에 천사 중 누구에게 내가 네 원수로 네 발등상이 되게 하기까지 너는 내 우편에 앉아 있으라 하셨느냐 모든 천사들은 섬기는 영으로서 구원 받을 상속자들을 위하여 섬기라고 보내심이 아니냐.

-히브리서 1장 13, 14절

그러나 너희가 시온 산과 살아 계신 하나님의 도성인 하늘의 예루살렘과 무수한 천사들의 무리와 하늘에 기록된 장자들의 총회 곧 교회와 만민의 심판자이신 하나님과 및 온전하게 된 의인의 영들에게 이르렀다(KJV).

-히브리서 12장 22, 23절

손님 대접하기를 잊지 말라 이로써 부지중에 천사들을 대접한 이들이 있었느니라.
-히브리서 13장 2절

내가 또 보고 들으매 보좌와 생물들과 장로들을 둘러 선 많은 천사의 음성이 있으니 그 수가 만만이요 천천이라.
-요한계시록 5장 11절

내가 또 보니 힘센 다른 천사가 구름을 입고 하늘에서 내려오는데 그 머리 위에 무지개가 있고 그 얼굴은 해 같고 그 발은 불기둥 같았다.
-요한계시록 10장 1절

또 내가 하늘이 열린 것을 보니 보라 백마와 그것을 탄 자가 있으니 그 이름은 충신과 진실이라 그가 공의로 심판하며 싸우더라, 하늘에 있는 군대들이 희고 깨끗한 세마포 옷을 입고 백마를 타고 그를 따르더라.
-요한계시록 19장 11, 14절

손님 대접하기를 잊지 말라 이로써 부지중에 천사들을 대접한 이들이 있었느니라.
-히브리서 13장 2절

저자에 대하여

데이비드 제레마이어(David Jeremiah) 박사는 캘리포니아의 엘 카존(El Cajon)에 있는 쉐도우 마운틴 커뮤니티 교회의 담임 목사로 섬기고 있다. 그는 전환점(Turn Point)의 설립자이자 진행자로 라디오와 텔레비전, 인터넷, 라이브 이벤트, 물적 자원과 책을 통해 기독교인들에게 오늘날의 변화하는 시대와 관련된 건전한 성경 교육을 제공하는데 전념하고 있는 사역자이다.

베스트셀러 작가인 제레마이어 박사는 「은혜에 사로잡힘」, 「혼란한 세상에서 자신감을 갖고 사는 삶」, 「세상에 무슨 일이 일어나고 있는가?」, 「다가오는 경제 아마겟돈」, 「하나님은 당신을 사랑하신다─그분은 그러셨고, 그러실 것이다」를 포함하여 40권 이상의 책을 썼다.

하나님의 완전한 말씀을 가르치는데 전념하는 제레마이어 박사는 강사와 작가로 많은 이들에게 영향력을 끼치고 있다. 잃어버린 성도들의 마음을 움직이고 성도들의 믿음에 용기를 북돋아 주는 그의 열정은 성경의 진리를 충실하게 전달하는 데서 입증된다.
헌신적인 가장인 제레마이어 박사와 그의 아내 도나(Donna)는 슬하에 장성한 4명의 자녀와 11명의 손주를 두고 있다.